新形式対応

TOEIC® L&R TEST
出る問特急
金の文法

TEX加藤

JN044050

朝日新聞出版

編集協力 ─────────── 渡邉真理子
Daniel Warriner
中村信子
株式会社 Globee

録音協力 ─────────── 英語教育協議会 (ELEC)
東健一
Emma Howard 🇬🇧
Howard Colefield 🇺🇸

はじめに

　私は10年以上に渡り、TOEICを受験し続けています。2021年10月には、TOEIC公開テストの満点取得回数が100回に到達しました。2010年に脱サラして以来、勤務先の学校業務以外は、TOEIC関連の仕事しかしていません。毎日が、授業、執筆、研究、試験監督、受験等、TOEIC一色の生活です。それでもTOEICに飽きることなく、楽しく仕事を続けています。

　私が専業にするほどTOEICを好きになった理由の一つが、Part 5 (短文穴埋め問題) です。平均15語程度の短文の中に、空所が一か所あり、英語を使う上で必要な語彙や文法知識が問われます。一つ一つの問題に、パズルや詰め将棋を解くような楽しさと、解けた時の爽快感があります。Part 5にハマってしまった私は、解くだけでは飽き足らず、TOEICに精通したネイティブの協力を得て、これまでに延べ数千問の問題を作ってきました。そのエッセンスを160問に凝縮したのが本書です。

　私は、2021年に受験した全10回のTOEIC公開テストで、Part 5 (延べ300問) は、全問正解 (スコアシート右下の「語彙・文法が理解できる」の項目がすべて100) です。これは、出題パターンを熟知し、正しい考え方で解いているからです。その解き方の道筋を、本書で読者の皆様にお伝えします。

　Part 5 (30問) の出題パターンは、ほぼ一定です。私は、毎回、受験後に、Part 5の出題ポイントや正解を思い出し、「TEXファイル」と名付けたエクセルファイルに記録しています。2021年のPart 5の問題タイプと平均出題数は次ページの通りです (数字はTEX加藤個人調べ)。

Part 5（30問）の内訳（2021年公開テスト）

問題タイプ	平均出題数
品詞	8
動詞	2
前置詞 or 接続詞	4
代名詞	2

問題タイプ	平均出題数
前置詞	2
その他	1
語彙	11
合計	30

　もちろん、回によって多少の変動はありますが、この出題傾向から大きく逸脱することはありません。TOEICのPart 5で出題される英文は、日常生活で一般的に使用される内容に限られます。また、試験の公平性を保つため、問題作成者は、難易度を毎回一定に維持する必要があります。こうした理由により、Part 5では、毎回決まったパターンの問題が出題されるのです。したがって、この出題範囲に絞って集中的に勉強すれば、効率的にスコアを伸ばすことが可能です。

　TEXファイルで10年分の過去問を分析すると、TOEICで出題される文法問題は、約100パターンに細分化できることがわかりました。そのうち、出題頻度がきわめて低いものを除き、主要な出題パターンを網羅したのが本書です。また、Part 5を解く上で、皆様に知っておいていただきたい鉄則を、82個の「金のルール」として示しました。この「金のルール」を頭に入れれば、本試験での文法問題の正答率が格段に向上するはずです。

　ただし、「金のルール」は、問題を解く際の基本的な考え方を示したもので、100%正解を保証するものではありません。本試験では時々、対策書を逆手に取るかのような「掟破り」の問題が出題されることもあります。本書で基本的な解き方を頭に入れた上で、ルールに固執するのではなく、そうした問題に柔軟に対応できるようになれば上級者です。

　なお、本書では、語彙問題は取り上げませんが、本試験で

語彙問題として出題された重要語を文法問題に改作したり、設問文に盛り込んだりしてあります。問題をただ解いて答え合わせするだけでなく、ぜひ以下のステップで取り組んでください。

1 章の最初の説明を読み、解き方の基本を頭に入れる
2 問題を解く
3 解説を読み、正解・不正解の理由を理解する
4 「金のルール」を頭に入れる
5 単語や構文を含め、文全体の意味を理解する
6 巻末の「音読用例文」を見ながら、音声を聞き、何度も音読する
7 巻末の「ランダム160本ノック」を解いて復習する

　この7つのステップを踏めば、文法力だけでなく、語彙力や速読力も向上するはずです。すでにTOEICの出題パターンを熟知している上級者の方は、いきなり巻末の「ランダム160本ノック」に挑戦していただいても構いません。

　本書が、皆様がPart 5を解く楽しさを感じるきっかけとなり、スコアアップにつながることを、著者として心から願っています。

　最後に、私の勤務先の神田外語学院の皆様をはじめ、TOEIC講師としてお世話になった方々、出版にあたりご協力を頂いた皆様、実家の家族、愛犬TEX、私の活力の源である学生たち、私の著作をご支持頂いている読者の皆様に、この場を借りて感謝申し上げます。

2022年2月
TEX加藤

コラム

◀ 本書のすべての問題は、空欄に正解を入れた形で、米国
人男性と英国人女性の順でプロのナレーターがそれぞ
れ朗読しています。復習の際に、ぜひご活用ください。

本書の英文テキスト、および解説に、無駄な記述はありま
せん。安心して繰り返し学習してください。

必ず、スコアアップにつながります。

◀ 音声を聴く方法 ▶

スマートフォンで聴く方法

AI 英語教材アプリ abceed

iOS・Android 対応

無料の Free プランで音声が聞けます

https://www.abceed.com/

※ご使用の際は、アプリをダウンロードしてください
※abceed 内には本書の有料アプリ版もあります
※使い方は、www.abceed.com でご確認ください

パソコンで聴く方法

本書の音声は、下記の朝日新聞出版HPから
ダウンロードしてください。

https://publications.asahi.com/toeic/

Google などの検索エンジンで

朝日新聞出版　金の文法

と入力して検索してください。

第 1 章

品詞問題

品詞を制する者が、
Part 5 を制す！

解き方の基本

Part 5 で、毎回 7〜9 問程度出題されるのが、同じつづりで始まる派生語が選択肢に並んでいる「品詞問題」です。Part 5 で出題される文法問題の約半数を占めるので、「品詞問題を制する者が、Part 5 を制す」といっても過言ではありません。

品詞問題は、以下の 2 つのタイプに大別できます。

1. 文の要素 (SVOC) が欠けているタイプ。

文の要素 (文を作るのに必要なパーツ) である主語 (S)、述語動詞 (V)、目的語 (O)、補語 (C) のいずれかが欠けていて、適切な品詞を空所に補う問題。

2. 文の要素 (SVOC) がそろっているタイプ。

文の要素である主語 (S)、述語動詞 (V)、目的語 (O)、補語 (C) がそろっていて、修飾語を空所に補う問題。空所が名詞を修飾していれば形容詞を、名詞以外を修飾していれば副詞を補うのが基本です。

では、例題でポイントを確認しましょう。

1. 文の要素 (SVOC) が欠けているタイプ。

1. The ------- of a new digital marketing strategy is on the agenda for this afternoon's meeting.

(A) develop
(B) develops
(C) developed
(D) development

解き方の手順

① 選択肢をチェック

このように、同じつづりで始まる派生語が選択肢に並んでいたら、「品詞問題」です。この時点では、それぞれの品詞を確認する必要はありません。ちらっと見て「品詞問題」だと判断したら、すばやく問題文に目を移しましょう。

② 文構造 (SVOC) をチェック

まず、文の骨格となる主語 (S) と述語動詞 (V) を確認します。冠詞 The の後が空所で、直後の of a new digital marketing strategy は空所を説明する修飾語（「前置詞＋名詞」のカタマリは文の要素になりません）、is が述語動詞です。つまり、この問題文には主語が欠けています。

The ------- (of a new digital marketing strategy) is
　　 S　　　　　　　　　　　　　　　　　　　　　　　　　　　　 V
(on ～).

空所には、主語になる名詞が必要なので、(D) development (立案) が正解です。(A)「開発する」は動詞、(B) はその3人称単数現在形、(C) は過去形・過去分詞で、いずれも主語になりません。

正解 (D) development

□ **strategy** 名 戦略　　□ **agenda** 名 議題 (のリスト)
□ **development** 名 立案、開発

訳：新たなデジタルマーケティング戦略の立案が、今日の午後の会議の議題に上がっている。

金のルール 1

品詞問題では、主語には名詞を選ぶ。

　品詞問題では、「主語には名詞を選ぶ」のが鉄則です。「名詞・動詞・形容詞・副詞」の英語の基本4品詞のうち、主語になるのは名詞だけです。動名詞や代名詞といった名詞の仲間も主語になりますが、動名詞は動詞問題、代名詞は代名詞問題といった別パターンで主に出題されます (本書でも別の章で取り上げます)。まずは、「主語は名詞」という基本を頭に入れましょう。

5文型のおさらい

　英語の基本である5文型をおさらいしておきましょう。

●第1文型 **SV**

Sales rose. (売り上げが上がった)
　S　　 V

●第2文型 **SVC**

The food is delicious. (その食べ物はとても美味しい)
　 S 　　V 　　 C

●第3文型 **SVO**

Ms. Patel wrote the book. (Patel さんはその本を書いた)
　 S 　　　V 　　　 O

●第4文型 **SVOO**

John gave me the present.
　S 　 V 　O 　　 O
(John が私にそのプレゼントをくれた)

●第5文型 **SVOC**

Mr. Shin found the seminar helpful.
　s　　　v　　　　o　　　　c
（Shin さんはそのセミナーを役立つと思った）

SVOC が欠けている場合、空所に補うべき品詞は以下が基本です。

- ●**S**（主語）……………名詞
- ●**V**（述語動詞）………動詞
- ●**O**（目的語）…………名詞

    ※他動詞や前置詞の後に来て、動作や活動の対象となる語です。

- ●**C**（補語）……………形容詞か名詞

    ※第2文型で、主に be 動詞の後に来て、主語とイコールになる語です。また、第5文型で、目的語とイコールになる語です。

> **ポイント**

Sが欠けていたら「名詞」、Vが欠けていたら「動詞」、Oが欠けていたら「名詞」、Cが欠けていたら「形容詞」か「名詞」を空所に補うのが、タイプ1の解き方の基本です。

2. 文の要素 (SVOC) がそろっているタイプ。

2. The Berovo Institute ------- publishes
the results of its research in renowned
scientific journals.

(A) regularly
(B) regulate
(C) regularity
(D) regular

解き方の手順

① 選択肢をチェック

選択肢に同じつづりで始まる派生語が並んでいるので、
「品詞問題」です。

② 文構造 (SVOC) をチェック

The Berovo Institute が主語 (S)、publishes が述語動詞
(V)、the results が目的語 (O)、of から文末までは修飾語です。

$$\underline{\text{The Berovo Institute}}_{\text{S}} \text{------- } \underline{\text{publishes}}_{\text{V}} \ \underline{\text{the results}}_{\text{O}}$$
(of ～).

文の要素がそろっていて、空所がなくても「Berovo 研究所
は結果を公表する」という SVO の文が成立しています。つま
り、空所に入るのは修飾語です。

③ 空所が何を修飾しているかをチェック

最後に、空所が何を修飾しているのか、を考えます。こ
こでは、「S ------- V」のカタチになっていて、空所は直後の
述語動詞 publishes を修飾しています。動詞を修飾するのは

副詞なので、(A) regularly（定期的に、ひんぱんに）が正解です。(B)「規制する」は動詞、(C)「規則性」は名詞、(D) は「定期的な」という形容詞または「常連客」という名詞です。いずれも動詞を修飾しません。

正解 (A) regularly

- □ **publish** 動 公表する、出版する
- □ **renowned** 形 著名な □ **scientific journal** 科学誌

訳：Berovo 研究所は、著名な科学誌で定期的に研究結果を公表している。

金のルール 2

品詞問題で、空所が名詞以外を修飾していたら副詞を選ぶ。

品詞問題で、SVOCの文の要素がそろっていたら、空所に入るのは修飾語です。修飾語は形容詞と副詞の2種類で、空所が名詞を修飾していたら形容詞、それ以外を修飾していたら副詞を選ぶのが原則です。この例題のように、品詞問題で、主語 (S) と述語動詞 (V) の間の空所に副詞を選ぶ問題は定番です。注意点として、本試験では、主語の後に長めの修飾語があり、SVの位置が離れている場合もあります。「------- V」の部分だけを見て解こうとすると、離れた位置にある主語に気づかず名詞を選んでしまうといったミスにつながります。文頭から目を通し、しっかり文全体のカタチを見極めましょう。

ポイント

SVOCという文の要素がそろっている、つまり、空所がなくても文が成立している場合、空所に入るのは修飾語です。

英語の修飾語は2種類で、名詞を修飾するのが形容詞、名詞以外（動詞、形容詞、副詞、文全体等）を修飾するのが副詞です。したがって、<u>空所が名詞を修飾していたら形容詞、それ以外を修飾していたら副詞を選ぶのが、タイプ2の解き方の基本</u>です。

❌ 主な品詞の語尾

　空所に入る品詞がわかっても、選択肢のうち、どれがその品詞かがわからなければ、正答できません。品詞問題の選択肢には、難易度の高い単語が入っていることもありますが、語尾（単語のつづりの最後の部分）で品詞を判別できます。以下の表をしっかり頭に入れ、単語の語尾を見て品詞を判別できるようにしましょう。

❌ 主な名詞の語尾

□ xxx**sion**	decision (決定), extension (内線), permission (許可)
□ xxx**tion**	position (職), presentation (プレゼンテーション), information (情報)
□ xxx**ty**	security (セキュリティ), opportunity (機会), responsibility (責任)
□ xxx**ness**	business (会社), fitness (健康), awareness (意識)
□ xxx**ment**	department (部), management (経営), retirement (退職)
□ xxx**sis**	analysis (分析), emphasis (強調), basis (基盤)

□ xxx**cy**	policy (方針), emergency (緊急事態), agency (代理店)
□ xxx**ance**	performance (公演), maintenance (保守点検), distance (距離)
□ xxx**ence**	conference (会議), experience (経験), reference (参照)

◈ 主な動詞の語尾

□ xxx**fy**	identify (あきらかにする), notify (知らせる), modify (変更する)
□ xxx**ize**	realize (気づく), organize (準備する), specialize (専門にする)
□ xxx**en**	widen (広げる), broaden (広げる), strengthen (強化する)
□ xxx**ate**	appreciate (ありがたく思う), create (創り出す), translate (翻訳する)

◈ 主な形容詞の語尾

□ xxx**ous**	delicious (おいしい), serious (重大な), previous (以前の)
□ xxx**ble**	available (手に入る), possible (可能な), reasonable (てごろな)
□ xxx**ful**	successful (成功している), careful (慎重な), useful (役に立つ)
□ xxx**cal**	local (地元の), historical (歴史的な), economical (経済的な)
□ xxx**cial**	financial (財政の), special (特別な), official (公式の)

□ xxx**nal**	international (国際的な), additional (追加の), personal (個人的な)
□ xxx**sive**	comprehensive (総合的な), extensive (広範囲の), impressive (印象的な)
□ xxx**tive**	attractive (魅力的な), creative (創造的な), effective (効果的な)
□ xxx**tic**	dramatic (劇的な), enthusiastic (熱心な), realistic (現実的な)

◈ 主な副詞の語尾

□ xxx**ly**	usually (普通は), recently (最近), frequently (ひんぱんに)

◈ 品詞の見分け方のコツ

品詞問題を解く際、以下の2つのポイントはとても重要です。これを知っていると本番のテストでも必ず役に立ちますから、しっかり頭に入れておきましょう。

●副詞から-lyを取ったら形容詞
　recently ⇨ recent
（最近：副詞）（最近の：形容詞）

●単語から-edや-ingを取ったら動詞
　learned/learning ⇨ learn

このルールを覚えておけば、仮にrecent (最近の) という単語を知らなくても、他の選択肢にrecently (最近) という副詞があれば、-lyを取ったrecentが形容詞だと判断できます。また、-edや-ingは動詞の原形に付くので、取ったら動詞の原

形です。たとえば、respond（返答する）の品詞がわからなくて
も、他の選択肢に responded や responding があれば、-ed
や -ing を取った respond は動詞だとわかるのです。

　では、解き方の基本を頭に入れた所で、実際に品詞問題を
解いてみましょう。中には、基本通りには解けない難易度の
高い問題もありますが、まずは基本を押さえることが大切で
す。その上で、難易度の高い出題パターンにも対応できるよ
う、一歩ずつ着実にレベルアップしていきましょう。

品詞の役割まとめ

- ●名詞 ……… 主語、他動詞の目的語、前置詞の目的語、
  補語になる。
- ●動詞 ……… 述語動詞になる。
- ●形容詞 …… 補語になるか名詞を修飾する。
- ●副詞 ……… 常に修飾語で名詞以外を修飾する。

◀ 03

3. Full-scale ------- of the lightweight aircraft is set to begin in the spring of next year.

(A) developments
(B) developed
(C) develop
(D) development

 主語の位置が空所ですが…。

 「やる気チケット」はお持ちでしょうか？ では、Part 5の旅、出発進行です！

3. 正解 (D) development

　文頭のFull-scale（全面的な）は形容詞で、空所には主語になる名詞が必要（of the lightweight aircraftは修飾語）です。ここで、「あら、これって、ついさっき例題で解いたじゃないの。語尾が-mentの単語が名詞だから、(A)が正解でしょ。同じ問題出すなんて、馬鹿にしてるわ、この著者（奥様風）」などと思った方、いらっしゃるでしょうか。この問題では、語尾が-mentsの(A)に飛びついてはいけません。他の選択肢をよく見ると、(D)も語尾が-mentで名詞です（あら、ほんと。やだわ）。違いは、複数形か単数形か、です。このように、主語になる名詞の単数形と複数形が選択肢に並んでいたら、必ず述語動詞を確認しましょう。ここでは、述語動詞がisです。つまり、主語は単数形、ということになるので、(D) development（開発）が正解です。複数形の(A)「（新たな）出来事」は、述語動詞がareでないと主述が合いません。(B)は、動詞の(C)「～を開発する」の過去形・過去分詞です。

□ **aircraft** 名 航空機
□ **be set to do** ～しそうだ、～するだろう

訳：その軽量の航空機の全面的な開発は、来春始まりそうだ。

金のルール3

主語を選ぶ品詞問題では、名詞の単複に注意。

　主語になる名詞を選ぶ品詞問題で、選択肢に単数形と複数形の名詞が並んでいたら、主述の一致に注意しましょう。品詞問題では、パッと目についた選択肢を反射的に選ばず、他の選択肢に同じ品詞がないかをさっと確認するだけで、ケアレスミスが防げます。

4. A ------- from Shaffer University will be discussing her latest research on food additives.

(A) nutrition
(B) nutritional
(C) nutritionist
(D) nutritionally

💡 これまた主語の位置が空所ですが…。

 TOEICの世界では、栄養士の指導はひんぱんに行われるが、健康に深刻な問題がある人は存在しない。

4. 正解 (C) nutritionist

　一見して、主語の位置が空所なので、名詞が正解だとわかりますが、語尾が-tionの (A) nutrition (栄養) を反射的に選んではいけません。語尾が「人」を表す-istの (C) nutritionist (栄養士) も名詞だからです (語尾が-istのscientist：科学者やdentist：歯医者などはTOEICでも頻出します)。このように、「人」と「人以外」を表す名詞がどちらも正解候補になる品詞問題は、必ず意味を考えましょう。ここでは、空所が主語で、from Shaffer Universityは空所に対する修飾語 (「前置詞＋名詞」)、will be discussing (話す予定だ) が述語動詞です。話をするのは当然「人」ですから、正解は (C) nutritionist (栄養士) です。(A) は意味が通じない上、不可算名詞なので、冠詞のaが付きません (栄養は1つ、2つと数えられません)。(B)「栄養の」は形容詞、(D)「栄養的に」は副詞です。なお、冠詞 (a/an/the) と前置詞の間の空所には、100%名詞が入ります。選択肢に名詞が1つしかなければ、秒速で解答しましょう。

□ **latest** 形 最新の　　□ **additive** 名 添加物

訳： Shaffer大学の栄養士が、食品添加物に関する彼女の最新の研究について話す予定だ。

金のルール 4

名詞を選ぶ品詞問題では、
「人」「人以外」の選択肢に注意。

　選択肢に「人」と「人以外」を表す名詞が並んでいて、意味を考えて正解を選ぶ品詞問題は本試験でも頻出します。このパターンで出題される「人」「人以外」の名詞の主な組み合わせは次ページの通りです。目を通し、知らないものがあれば頭に入れましょう。

❎ 品詞問題で注意すべき「人」「人以外」の名詞の組み合わせ

人	人以外
applicant (応募者)	application (応募)
architect (建築家)	architecture (建築)
assistant (アシスタント)	assistance (助け)
attendant (係員)・attendee (出席者)	attendance (出席)
consultant (コンサルタント)	consultation (相談)
coordinator (調整役)	coordination (調整)
correspondent (特派員)	correspondence (通信文)
creator (クリエイター)	creation (創造)
developer (開発者)	development (開発)
distributor (流通業者)	distribution (流通)
employer (雇用者)・employee (従業員)	employment (雇用)
enthusiast (熱心な人)	enthusiasm (熱心さ)
expert (専門家)	expertise (専門知識)
grower (栽培者)	growth (成長)
inspector (検査官)	inspection (検査)
instructor (インストラクター)	instruction (指示)
manufacturer (製造業者)	manufacture (製造)
marketer (マーケティング担当者)	market (市場)
negotiator (交渉役)	negotiation (交渉)
nutritionist (栄養士)	nutrition (栄養)
organizer (主催者)	organization (組織)
participant (参加者)	participation (参加)
partner (パートナー)	partnership (提携)
photographer (写真家)	photograph (写真)
producer (生産者)	production (生産)
publisher (出版社)	publication (出版物)
resident (住民)	residence (住居)
specialist (専門家)	specialty (専門分野)
subscriber (長期契約者)	subscription (長期契約)
supplier (供給業者)	supply (供給)

コラム
「TOEICの世界」はユートピア

TOEICの世界には、以下の特徴があります。

TOEICの世界に存在しないモノ
- 感染症 - 重病 - 戦争 - 犯罪
- 人命にかかわる事故・事件・天災 - 貧困 - 差別 - 宗教
- 政党 - 五輪 - 酒・タバコ・ギャンブル - 葬式
- ブラック企業 - 雰囲気の悪い職場 - サービス残業
- 懲戒解雇 - 降格 - 左遷 - 苦手な上司 - 非協力的な同僚
- 生意気な部下 - 権力闘争 - えこひいき - 仕事の愚痴
- 人間関係の悩み - 転職の失敗 - 他人の悪口 - 暴言
- いじめ - ハラスメント - 喧嘩 - 不倫 - 離婚
- 金銭トラブル - 悪意や妬み - 嫌がらせ - 炎上 - 恋愛
- オカルト - 居酒屋 - 二日酔い - サボリ - カンニング
- パクリ - 経歴詐称 - モンスターペアレント - 入院患者
- 爆笑・号泣する人

TOEICの世界にありがちなコト
- 飛行機の遅れ - コピー機の紙詰まり - 自販機の故障
- あり得ないダブルブッキング (親族の結婚式とスポーツ観戦等)
- 配送ミス - 配送遅れ - 在庫切れ - チャリティイベント
- 華麗な転身 (音楽家からチーズ職人等)
- クーポンや無料券の大盤振る舞い - 配管の故障
- 医者の自己都合によるアポの変更依頼
- 福利厚生が手厚いホワイト企業 - 上司の理解
- 同僚のサポート - カンパニーピクニック - 社員旅行
- 昇進 - 退職・歓迎パーティ
- 仕事のうっかりミス (相手の社名を間違えて契約書を作る等)
- 求人の必要条件を1つ満たしていない応募書類
- 1か所間違って印刷される名刺 - 渋滞による遅刻
- 仕事より優先される歯医者のアポ
- ホテルの無料送迎サービス - 景品が当たる抽選会

「TOEICの世界」は、現実離れしたユートピアです。TOEICの勉強をしている間は、日常生活の嫌なことを忘れて、「TOEICの世界」という桃源郷の住人になり切りましょう。ストレスを解消しつつ、楽しく勉強できるので、一挙両得です。

5. Ms. Hopkins shared her ------- regarding the company's overseas operations with the other executive committee members.

(A) observe

(B) observable

(C) observations

(D) observably

 選択肢の品詞はつづりで判別しましょう。

TOEICの世界では、どんな「気づき」も、心よく他人とシェアされる。

5. 正解 (C) observations

　Ms. Hopkins が主語、shared が述語動詞です。空所前に人称代名詞の所有格 her（彼女の）があり、空所後の前置詞 regarding（〜に関する）以降は修飾語です。空所には目的語の名詞が必要なので、語尾が -tions の複数形の名詞 (C) observations が正解です。observation は、「観察、（観察の結果得られた）気づき、見解」という意味です。ここでは、Hopkins さんが、自社の海外事業について注意深く観察した結果、自らが得た気づきを他の執行役員たちと共有した、といった文脈になります。語彙問題での出題例もある単語なので、頭に入れましょう。(A)「観察する、順守する」は動詞、(B)「観察可能な」は形容詞、(D)「明らかに」は副詞です。

□ **regarding** 前 〜に関する
□ **executive committee** 執行役員会

訳：Hopkins さんは、会社の海外業務に関する自らの気づきを他の執行役員たちと共有した。

金のルール 5

品詞問題では、他動詞の目的語には名詞を選ぶ。

　品詞問題では、「他動詞の目的語には名詞を選ぶ」のが鉄則です。名詞・動詞・形容詞・副詞の基本4品詞の中で、目的語になるのは名詞だけです。選択肢のどれが名詞か迷ったら、語尾で品詞を判別しましょう。主語の場合同様、目的語になる名詞を選ぶ問題でも、パッと目についた名詞を反射的に選ばず、選択肢に、単数形と複数形、「人」と「人以外」等、他に名詞がないかは必ず確認しましょう。

6. Making an online ------- with Paymodia is
fast, easy, and safe.

(A) pay
(B) payment
(C) paying
(D) pays

 空所は動名詞の目的語です。

 TOEICの世界には、支払いを踏み倒す人は存在しない。

6. 正解 (B) payment

　空所には、主語の動名詞makingの目的語の名詞が必要です (online は形容詞)。したがって、名詞の (B) payment (支払い) が正解です。(A)は「支払う」という動詞か、「給料」という名詞です。名詞のpayは不可算名詞なので、冠詞のa/anが付かず、意味も通じません。(C)は動詞の現在分詞・動名詞、(D)は動詞の3人称単数現在形です。なお、動作を表す動名詞は数えられないので、a/anが付きません。名詞との違いをしっかり頭に入れましょう。

訳：Paymodiaでのオンラインのお支払いは、速くて簡単で安全です。

金のルール6

名詞が正解になる品詞問題では、
何となく動名詞を選ばない。

　動名詞は、名詞同様、文の中で主語・目的語・補語として機能しますが、以下のような特徴があります。

動名詞の特徴

❶ 数えられないので、冠詞のa/anが付かない。
❷ 名詞を修飾するのは形容詞で、動名詞 (名詞化したものを除く) を修飾するのは副詞。
❸ 他動詞は動名詞になっても目的語が必要。

　したがって、空所前にa/anがある、空所を形容詞が修飾している、他動詞なのに空所後に目的語がない、といった場合、動名詞は原則として不正解です。主語や目的語の位置が空所になった品詞問題では、名詞を選ぶのが基本です。フィーリングで動名詞を選ばないようにしましょう。

07

7. Without written ------- from the patient, we
are unable to release his medical records.

(A) authorize
(B) authorized
(C) authorization
(D) to authorize

 空所は前置詞の目的語です。

 TOEICの世界には、重病の患者は存在しない。

7. 正解 (C) authorization

文頭が前置詞withoutで、writtenは形容詞として空所を修飾する過去分詞です。空所後のfrom the patientは空所に対する修飾語で、前置詞withoutの目的語が欠けています。したがって、名詞の(C) authorization (許可) が正解です。without written authorizationは「書面による許可なしに」という重要表現です。(A)「～を許可する」は動詞、(B) はその過去形・過去分詞、または、「公認の」という形容詞、(D) は不定詞です。いずれも前置詞の目的語になりません。形容詞authorizedは、authorized service center (公認のサービスセンター) といったカタチで頻出する重要語です。意味も頭に入れましょう。

□ **release** 動 公開する、発売する
□ **medical record** 医療記録

訳:その患者からの書面による許可なしに、当院は彼の医療記録を公開できません。

金のルール 7

品詞問題では、前置詞の目的語には名詞を選ぶ。

前置詞は、目的語の名詞とセットで、副詞や形容詞のカタマリを作ります。

● I live in Tokyo. (liveを修飾する副詞)
● The book on the desk is mine. (bookを修飾する形容詞)

品詞問題では、「前置詞の目的語には名詞を選ぶ」のが鉄則です。また、「前置詞+名詞」のカタマリは、文の要素であるSVOCにはならず、必ず修飾語、というのも大事なポイントです。「前置詞+名詞」のカタマリを見たら、頭の中で、カッコでくくりましょう。

8. Mr. Gideon's article was revised for length and ------- before it was published in the newspaper.

(A) clarify
(B) clarity
(C) clear
(D) clearly

 andは何と何をつないでいるでしょうか。

 TOEICの世界でも、新聞や雑誌の電子化が進んでいる。

8. 正解 (B) clarity

　文全体は、空所後の接続詞beforeが、SV before SV.と、2つの節 (SV) をつなぐカタチです。空所が入った前半の節では、「S was revised for X and Y」と、接続詞andが、前置詞forの目的語となる2つの名詞をつないでいます。空所には2つ目の目的語が入るので、語尾が-tyの名詞(B) clarity (明快さ) が正解です。(A)「はっきりさせる」は動詞、(C)は「明快な、きれいな」という形容詞か、「きれいにする」という動詞、または「(近づかずに) 離れて」という副詞、(D)「はっきりと」は副詞です。なお、clearには、in the clear (無実の) という熟語で名詞の用法もありますが、TOEICの世界に犯罪は存在しないので、名詞での出題例はありません。

□ **revise** 動 見直す　　□ **length** 名 長さ
□ **publish** 動 公表する、出版する

訳：Gideonさんの記事は、新聞で公表される前に、長さと明快さを見直された。

金のルール 8

**接続詞andを見たら、
何と何をつないでいるのかを確認する。**

　接続詞andは、主語と主語、述語動詞と述語動詞、目的語と目的語、補語と補語のように、文法的に同じ役割をする語句や、節 (SV) と節 (SV) をつなぎます。andが何をつないでいるのかを正しく理解しないと、文法問題でのミスや、英文の誤読につながります。普段から、文中にandが出てきたら、何と何をつないでいるのかを必ず確認するようにしましょう。

OK

9. When the community garden opened, locals were ------- about having a place to grow their own vegetables.

(A) enthusiast

(B) enthusiastically

(C) enthusiasm

(D) enthusiastic

 空所はbe動詞の補語です。

 TOEICの世界では、住人は皆、地元愛にあふれている。

9. 正解 (D) enthusiastic

文全体は、文頭の接続詞whenが2つの節 (SV) をつなぐ
カタチです。カンマ後の節は、locals (地元の人たち) が主語で、
wereが述語動詞、空所後のaboutから先は修飾語で、補語
が欠けています。補語になるのは形容詞か名詞なので、副詞
の(B)「熱心に」を除く(A)(C)(D)が正解候補です。このう
ち、文意が通るのは、語尾が-ticの形容詞(D) enthusiastic
(熱心な、熱狂的な) です。be enthusiastic about Xは「Xに夢
中になる、熱中する」という意味です。(A)「熱心な人、ファ
ン」は文意が通じず、可算名詞なので単数形なら冠詞等が必
要です。(C)「熱心さ」は、主語である「人」とイコールになら
ず意味が通りません。このように、品詞問題では、補語に名
詞を選ぶと、主語とイコールにならないことが多いので、「補
語には形容詞を選ぶ」のが鉄則です。

□ **local** 名 地元の人

訳：コミュニティガーデンがオープンした時、地元の人たちは、自分自
　　身の野菜を育てる場所を持つことに夢中になった。

金のルール9

品詞問題では、補語には形容詞が最優先。

補語になるのは形容詞か名詞ですが、品詞問題では、補語
に名詞を選ぶと、主語とイコールにならないことが多いので、
「補語には形容詞を選ぶ」のが鉄則です。補語として名詞が
正解になる場合は、通常、「S is a -------.」のように、補語の
空所の前に冠詞等があり、明らかに名詞が正解で、形容詞は
入りません。もし、補語の位置が空所で、形容詞も名詞もど
ちらも入りそうなら、絶対の自信がある場合以外は、形容詞
を優先しましょう。

10. All three candidates for the management
position are ------- in their ability to perform
the job effectively.

(A) confided
(B) confident
(C) confidential
(D) confidently

 選択肢から形容詞を選ぶには？

 TOEICの世界には、自分の仕事の能力の低さに苦悩する人は存在しない。

10.

All three candidatesが主語、for the management posi-
tionは主語を説明する形容詞のカタマリで修飾語、are が述
語動詞です。空所後の前置詞inから先は修飾語なので、空
所にはbe動詞areの補語が必要です。選択肢中、副詞の(D)
「自信を持って」を除く、過去分詞の(A)、形容詞の(B)(C)
が正解候補です。まず、動詞confide (打ち明ける) の過去分
詞の(A)は意味が通じません (補語には分詞より形容詞を優先す
るのが品詞問題の鉄則です)。残る2つの形容詞のうち、意味が
通るのは、(B) confident (自信がある、確信している) です。be
confident in Xで、「Xに自信がある、Xに自信を持ってい
る」という意味です。(C)「機密の」は、ここでは意味が通じ
ませんが、confidential information (機密情報) といったカタ
チで出る重要語です。

□ **candidate** 名 候補者　　□ **management position** 管理職
□ **ability** 名 能力　　□ **effectively** 副 効果的に

訳：その管理職の3人の候補者は全員、仕事を効果的に行う自らの能力
　　に自信を持っている。

金のルール 10

品詞問題では、「副詞から-lyを取ったら形容詞」と
頭に入れる。

　空所に形容詞を選ぶ品詞問題で、選択肢のどれが形容詞
かわからなければ、勘で適当に選ぶのではなく、「副詞から
-lyを取ったら形容詞」のルールで見分けましょう。この問題
でも、副詞の(D) confidentlyから-lyを取った(B) confident
が形容詞だと判別できます。品詞問題を解く際の重要なルー
ルの一つなので、しっかり頭に入れましょう。

11. ZhaoFlex Textile is now the world's leading
------- of bamboo fiber products.

(A) manufacture
(B) manufacturer
(C) manufacturing
(D) manufactures

 補語は主語とイコールになります。

 TOEICの世界には、竹が好物のパンダは存在しない。

11. 正解 (B) manufacturer

ZhaoFlex Textile が主語、is が述語動詞で、空所には補語が必要です（of 以降は空所に対する修飾語）。品詞問題では、補語には形容詞を優先するのが鉄則ですが、ここでは、「S is the world's leading ------- (S は世界のトップ-------だ)」の空所に入る名詞が必要です（leading は「トップの、主要な」という意味の TOEIC 頻出形容詞）。選択肢はすべて名詞の働きを持つので、意味を考えます。主語の「会社」とイコールになり、空所に入れて文意が通るのは、(B) manufacturer（製造業者、メーカー）です。「製造」という意味の (A)(C)、「製造物」という意味の (D) は、いずれも主語とイコールにならず、意味が通じません。manufacture は「〜を製造する」という意味の動詞としても頻出します。

□ **textile** 名 繊維　　□ **leading** 形 トップの、主要な
□ **bamboo fiber** 竹繊維

訳：ZhaoFlex 繊維は、今や竹繊維製品の、世界のトップメーカーだ。

金のルール 11

**補語を選ぶ品詞問題では、
主語とイコールになる答えを選ぶ。**

品詞問題では、「補語の位置が空所なら、形容詞を優先する」のが鉄則です。ただし、この問題のように、補語になる名詞を空所に選ぶ問題もときどき出ます。その際、選択肢に複数の名詞が並んでいたら、必ず意味を考え、主語とイコールになる答えを選びましょう。

12. Hybotech Corporation has built a -------
reputation as a leading developer of
hybrid-electric engines.

(A) solid
(B) solidly
(C) solidify
(D) solidity

 空所が名詞を修飾しています。

 TOEICの世界には、炎上して評判が地に落ちる会社は存在しない。

12. 正解 (A) solid

Hybotech Corporation が主語、has built が述語動詞、空所後の名詞 reputation が目的語です。文の要素がそろっているので、空所に入るのは修飾語です。冠詞と名詞の間の空所に入り、直後の名詞を修飾するのは形容詞なので、(A) solid (確固たる、しっかりした) が正解です。a solid reputation は「確固たる評判」という意味です。仮にこの単語を知らなくても、副詞の (B)「強固に」から -ly を取った (A) が形容詞だと、語尾で品詞を判別できます。(C)「固める」は動詞、(D)「強固さ」は名詞です。

□ **reputation** 名 評判　　□ **developer** 名 開発者
□ **hybrid-electric** 形 電気式ハイブリッドの

訳：Hybotech 社は、電気式ハイブリッドエンジンの主要な開発会社として、確固たる評判を築いた。

金のルール 12

品詞問題で、空所が名詞を修飾していたら形容詞を選ぶ。

品詞問題では、空所が名詞を修飾していたら形容詞を選ぶのが基本です。選択肢のどれが形容詞か迷ったら、「副詞から -ly を取ったら形容詞」のルールに従って選びましょう。品詞問題で、空所が名詞を修飾していたら、優先順位は、「① 形容詞 ② 分詞 ③ 名詞」です。空所に形容詞を入れると意味が通じない、あるいは、選択肢に形容詞がない場合は分詞、分詞も意味が通じなければ「名詞＋名詞」の可能性を検討しましょう。

13. The annual All-Telecom Show is one of the most ------- events in the telecommunications industry.

(A) anticipate
(B) anticipated
(C) anticipating
(D) anticipation

 「する・される」の関係がポイントです。

TOEICの世界では、展示会は常に盛況で、暇で会場で油を売っている人は存在しない。

13. 正解 (B) anticipated

　空所の前後が、「one of the most ------- events」で、空所には、前置詞 of の目的語の名詞 events を修飾し、最もどんなイベントだったのか、を表す形容詞が必要です。選択肢中、形容詞の機能を持つのは、分詞の (B)(C) です。名詞を修飾する分詞を選ぶ際は、名詞と分詞との間の関係を考えましょう。「する」という能動の関係があれば -ing (現在分詞)、「される」という受動の関係があれば -ed (過去分詞) を選ぶのが原則です。ここでは、events と anticipate (期待する) との間には、「期待される」という受動の関係があるので、過去分詞の (B) anticipated が正解です。イベントは期待する側ではないので、現在分詞の (C) は意味が通じません。(A)「期待する」は動詞、(D)「期待」は名詞です。

□ **annual** 形 年に 1 度の
□ **telecommunications** 名 遠隔通信

訳：年に1度の All-Telecom Show は、遠隔通信産業で、最も待ち望まれているイベントの1つだ。

金のルール 13

名詞を修飾する分詞を選ぶ際は、
「する・される」の関係を考える。

　品詞問題で、名詞の修飾語を選ぶ際、選択肢に形容詞がない場合に正解候補となるのが、形容詞の働きを持つ分詞です。名詞と分詞との間に、「する」という能動の関係があれば -ing、「される」という受動の関係があれば -ed を選ぶのが原則です。たとえば、本は人の興味を引く側なので、an interest<u>ing</u> book、チキンは揚げられる側なので、<u>fried</u> chicken です。

14. We are looking to hire a motivated individual who can build ------- relationships with our customers.

(A) endure
(B) endured
(C) enduring
(D) endures

 選択肢の単語の難易度が高めです。

 TOEICの世界には、モチベーションが低い社員は存在しない。

空所前がcan buildという述語動詞、後がその目的語の名詞relationshipsです。文の要素がそろっているので、空所に入るのは名詞を修飾する形容詞です。選択肢中、形容詞の機能を持つのは、分詞の(B)(C)です。ここで、「する」「される」の関係を考えたいところですが、endure(長続きする、~に耐える)という単語の意味がわからなければ、この問題を解くことはできません。その場合は、時間を浪費せず、思い切って直感で答えを選びましょう。ここでは、現在分詞が形容詞化した(C) enduring(永続的な)を空所に入れると、enduring relationships(永続的な関係)となり文意が通ります。過去分詞の(B)は、「耐えられた関係」となり文意が通りません。(A)は動詞、(D)はその3人称単数現在形です。

□ **look to do** ~しようとする　　□ **motivated** 形 やる気のある
□ **individual** 名 人　　□ **relationship** 名 関係

訳：当社では、お客様と永続的な関係を築ける、やる気のある方を雇おうとしています。

金のルール 14

**名詞を前から修飾する分詞は、
意味がわからなければ解けない。**

名詞を前から修飾する分詞を選ぶ問題は、分詞の意味がわからなければ解けません。その場合は、考え込んで時間を浪費しないようにしましょう。ただし、分詞が2語以上のカタマリになって名詞を後ろから修飾する場合は、空所後の目的語の有無が解答のヒントになるので、意味がわからなくてもあきらめてはいけません（この出題パターンは、第2章の動詞問題で取り上げます）。

15. Sisson Labs continually integrates new technologies into the workplace so its employees can work more -------.

(A) productively
(B) productive
(C) production
(D) produce

 動詞 work の後の空所に入るのは？

TOEICの世界でも、AIやアプリなどのデジタル技術は積極的に活用されている。

15. 正解 (A) productively

空所前の動詞workは、「働く」という意味の自動詞（目的語をとらない動詞）です。自動詞を後ろから修飾するのは副詞なので、語尾が-lyの (A) productively（生産的に）が正解です（moreはこの副詞を修飾する副詞）。自動詞workの後の空所に副詞を選ぶ品詞問題は定期的に出題されます。work closely（密に働く）、work comfortably（快適に働く）、work independently（単独で働く）、work industriously（勤勉に働く）、work steadily（着実に働く）といった組み合わせは頭に入れておきましょう。(B)「生産的な」は形容詞、(C)「生産、（プロデュースされた）作品」は名詞、(D) は「生産する」という動詞または「農産物」という名詞です。

□ **continually** 副 継続的に
□ **integrate X into Y** XをYに取り入れる
□ **so (that)** 接 ～するために、～できるように

訳：Sisson Labsは、社員がより生産的に働けるよう、継続的に新しい技術を職場に取り入れています。

金のルール 15

品詞問題では、自動詞の後の空所には副詞を選ぶ。

He arrived early.（彼は早く着いた）のように、第1文型のSVの後に置き、自動詞を後ろから修飾するのは副詞です。work以外に、participate（参加する）、proceed（進む）、rise（上がる）、think（思う）といった自動詞の後の空所に副詞を選ぶ品詞問題も出題例があります（thinkは他動詞の場合、think that SVのカタチになります）。品詞問題では、「自動詞の後の空所には、語尾が-lyの副詞を選ぶ」のが鉄則です。

16. The Genesis 8-B Griller is ------- regarded as the best gas barbecue on the market.

(A) generally
(B) generalizing
(C) generalization
(D) general

💡 空所の前後はセットで述語動詞です。

 TOEICの世界では、バーベキューは開かれるが、ビールは出ない。

16. 正解 (A) generally

The Genesis 8-B Griller が主語、空所の前後is regarded
は、「be動詞＋過去分詞」の受動態の述語動詞です。文の要
素がそろっているので、空所に入るのは修飾語です。述語動
詞を修飾するのは副詞なので、(A) generally (一般的に) が正
解です。be動詞と過去分詞の間の空所に副詞を選ぶ品詞問
題は定番です。本試験で見かけたら秒速で解きましょう。be
regarded as X (Xとしてみなされている) は重要表現です。意味
もしっかり覚えましょう。(B)は動詞generalize (一般化する)
の現在分詞・動名詞、(C)「一般化」は名詞です。(D)は、「一
般的な、全体的な」という形容詞です。general manager (本
部長) や the general public (一般大衆) といったカタチで頻出
します。

訳：Genesis 8-B Grillerは、市場で1番のガスバーベキュー台だと一
般的にみなされている。

金のルール 16

品詞問題では、述語動詞の間の空所には副詞を選ぶ。

品詞問題では、「述語動詞の間の空所には副詞を選ぶ」の
が鉄則です。品詞問題で、空所の前後が以下のカタチなら、
すばやく副詞を選びましょう。

●助動詞と原形動詞の間：I can probably do it.

●受動態のVの間：I was really impressed.

●進行形のVの間：I am currently living in London.

●完了形のVの間：I have recently changed jobs.

17. Since all the townhouses on Moore Street are ------- identical, Ms. Caldwell accidentally knocked on the wrong door.

(A) nearer
(B) nearness
(C) nearest
(D) nearly

be動詞と形容詞の間の空所に入るのは？

TOEICの世界には、相手の間違いに対し、激怒したりキレたりする人は存在しない。

　文全体は、文頭の接続詞 since が 2 つの節 (SV) をつなぐカタチです。前半の節の中を見ると、all the townhouses が主語で、are が述語動詞、空所後の形容詞 identical (同一の) が補語で文の要素がそろっています (-cal は形容詞に多い語尾の 1 つ)。したがって、空所に入るのは修飾語です。空所後の形容詞 identical を修飾するのは副詞なので、(D) nearly (= almost：ほとんど、もう少しで) が正解です。(A) は、「近い」という形容詞か「近くに」という副詞の比較級、(B)「近さ」は名詞、(C) は形容詞・副詞の最上級です。なお、形容詞 identical は、比較級や最上級では用いられません。

□ **townhouse** 名 (側面の壁を隣接する家と共有するタイプの) 集合住宅　□ **identical** 形 同一の　□ **accidentally** 副 うっかり

訳：Moore 通りのすべての集合住宅はほとんど同じなので、Caldwell さんはうっかり間違ったドアをノックした。

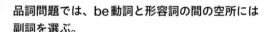

金のルール 17

品詞問題では、be 動詞と形容詞の間の空所には副詞を選ぶ。

　品詞問題では、「be 動詞と補語の形容詞の間の空所には副詞を選ぶ」のが鉄則です。また、become (〜になる) や remain (〜のままでいる) といった動詞も補語をとります。こうした動詞と補語の形容詞の間の空所に入るのも副詞です。たとえば、「become ------- popular」の空所に increasingly (ますます) を選ぶ、といったカタチです。「be 動詞 副詞 -------」のカタチの空所に、補語になる形容詞を選ぶ問題も出ます。合わせて頭に入れましょう。

◀ 18

18. With obesity rates on the rise, food companies must promote their breakfast cereals and snack items -------.

(A) responsibly
(B) respond
(C) responsible
(D) responded

 すでに文の要素がそろっています。

 TOEICの世界には、スナック菓子の食べ過ぎでメタボになる人は存在しない。

　文のカタチを見ると、文頭の前置詞withからカンマまでが副詞のカタマリで修飾語です。food companiesが主語、must promote が述語動詞、their breakfast cereals and snack itemsが目的語です。文の要素がそろっているので、空所に入るのは修飾語です。文の要素がそろったカタチの後に置き、述語動詞を後ろから修飾するのは副詞なので、(A) responsibly (責任を持って) が正解です。この副詞は、〜 must responsibly promote...と、助動詞と原形動詞の間に置くことも可能です。(B)「返事をする」は動詞、(C)「責任がある」は形容詞、(D)は動詞の過去形・過去分詞です。

□ **obesity** 名 肥満　　□ **rate** 名 率　　□ **on the rise** 上昇中で
□ **promote** 動 販売促進する

訳：肥満率が上昇中なので、食品会社は自社の朝食用シリアルや軽食の
　　品物を、責任を持って販売促進すべきだ。

金のルール 18

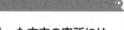

品詞問題では、文の要素がそろった文末の空所には副詞を選ぶ。

　副詞は文末に置き、後ろから述語動詞を修飾できます。したがって、品詞問題では、「文の要素がそろったカタチの文末の空所には副詞を選ぶ」のが鉄則です。注意点として、空所の位置が文末だからといって、必ずしも副詞が正解になるとは限りません。空所が文末でも、目的語になる名詞や補語になる形容詞が正解になる可能性もあります。空所の前で文の要素がそろっていることをしっかり確認し、副詞を選ぶようにしましょう。

◀ 19

19. Dr. Hendrick's lecture will explore ------- to current methods of supplying livestock with fresh water.

(A) alternatives
(B) alternatively
(C) alternate
(D) alternated

選択肢に名詞があります。

 TOEICの世界では、畜産業は人気で、後継者不足は起こらない。

19. 正解 (A) alternatives

Dr. Hendrick's lecture が主語、will explore が述語動詞、空所後の前置詞 to から先は修飾語です。動詞 explore は、ここでは、「（可能性やテーマ、考え等）を探る」という意味の他動詞で、空所には「何」を探るのか、という目的語の名詞が必要です。選択肢中、名詞は、alternative（代替案、代替品）の複数形 (A) alternatives です。alternative to X は「X の代替」という意味です。語尾が形容詞に多い -tive ですが、名詞の用法があるのに注意しましょう。alternative は、alternative methods（代わりの方法）や alternative venues（代わりの会場）のように、形容詞としても頻出します。(B)「もしくは」は副詞です。(C)は、「交互に行う」という動詞か「代わりの」という形容詞、もしくは「代役」という名詞です。名詞の場合、可算名詞なので冠詞等が必要です。(D)は動詞の過去形・過去分詞です。

□ **supply** 動 供給する　　□ **livestock** 名 家畜
□ **fresh water** 淡水

訳：Hendrick 博士の講義では、家畜に淡水を供給する現在の方法に対する代替案を探る。

金のルール 19

品詞問題で、注意が必要な語尾が -ive の名詞。

語尾が -ive の単語の多くは形容詞ですが、alternative（代替案、代替品）、representative（代表者、担当者）、initiative（新たな取り組み、自主性）の3つは、品詞問題で名詞として出題される可能性があります（alternative は「代わりの」、representative は「典型的な」という形容詞もあります）。しっかり頭に入れましょう。

20. The festival coordinator will assign duties to each of the volunteers according to their task -------.

(A) preferring
(B) preference
(C) preferred
(D) preferable

 空所が文末で選択肢に副詞がないときは？

 TOEICの世界では、何かにつけてフェスティバルやパーティが開催される。

20.

The festival coordinatorが主語、will assignが述語動詞、dutiesが目的語で、その後は修飾語です。空所前のaccording toは、ここでは、「〜にしたがって」という意味の前置詞です。their taskをその目的語と考えると、ここで文が完結しているので、空所には副詞が入るはずです。ところが、選択肢に語尾が-lyの副詞が見当たりません。そこで、前の名詞が形容詞的に後の名詞を修飾する「名詞＋名詞」の可能性を考えます。名詞(B) preference (希望、好み) を空所に入れると、task preference (業務希望) となり意味が通ります。(A)は動詞prefer (〜の方を好む) の現在分詞・動名詞、(C)は過去形・過去分詞、(D)「好ましい」は形容詞です。過去分詞preferredは、preferred customers (優先顧客) のように、名詞を前から修飾するカタチで出ます。

□ **assign** 動 割り当てる □ **duty** 名 任務 □ **task** 名 業務

訳：そのフェスティバルの調整役は、各自の業務希望にしたがって、ボランティア1人1人に任務を割り当てる予定だ。

金のルール 20

品詞問題では、「名詞＋名詞」の可能性も頭に入れる。

品詞問題で、文の要素がそろっていて、文末が空所になっている場合、正解になる可能性が高いのは、後ろから動詞を修飾する副詞です。もし、選択肢に副詞がなければ、前の名詞が形容詞的に後の名詞を修飾する「名詞＋名詞」の可能性を考えましょう。「名詞＋名詞」は、company picnicやholiday party、summer vacationのように、ごく普通に使われるカタチです（「名詞＋名詞」のカタチに決まった法則はありません）。

21. Vintage toy sellers must be as ------- as possible when detailing the condition of items in online auctions.

(A) thorough
(B) thoroughly
(C) thoroughness
(D) more thoroughly

 asを取ると答えが見えます。

 TOEICの世界には、オークション詐欺は存在しない。

21. 正解 (A) thorough

　こうしたasとasの間が空所になった品詞問題の解き方のコツは、「asとas以降を取って考える」です。ここでも、前のasを取り、後ろのas以降を消します。すると、「S must be -------.」となります。この空所には、be動詞の補語の形容詞が必要なので、(A) thorough (徹底的な、完全な) が正解です。thoroughはTOEIC重要語で、「細部まで漏らさずきっちりした」「隅から隅まで徹底的な」といったニュアンスの形容詞です。副詞の(B)「徹底的に」から-lyを取った(A)が形容詞だと、語尾でも品詞を判別できます。(C)「徹底していること」は名詞、(D)は副詞の比較級です。

□ **seller** 名 売り手　　□ **detail** 動 くわしく説明する

訳：ビンテージ玩具の売り手は、オンラインオークションで品物の状態を説明する際、できる限り漏れなくきっちりしなければならない。

金のルール 21

asとasの間が空所の品詞問題は、
asとas以降を取って考える。

　asとasの間が空所の品詞問題では、空所に入るのは形容詞か副詞です。どちらが入るかは、文のカタチで決まります。問題を解く際は、「asとas以降を取って」考えましょう。この問題のように、空所の前後が「be as ------- as〜」であれば、前のasと後ろのas以降を取ると、「be -------」ですから、空所に入るのは補語の形容詞です。一方、「Please let me know as ------- as possible.」のような問題なら、同様にasとas以降を消すと、「Please let me know -------.」と文の要素がそろったカタチの文末が空所ですから、ここに入るのはsoonやquicklyのような、動詞を修飾する副詞です。

22. Pangflo Corp's new software program makes it easier for small businesses to ------- record sales and expenses.

(A) accurately
(B) accurate
(C) accuracy
(D) accuracies

 不定詞の間が空所です。

 TOEICの世界では、ソフトのバグやウェブサイトの不具合は日常茶飯事。

Pangflo Corp's new software program が主語、makes が述語動詞、it が目的語、形容詞の比較級 easier が補語の SVOC のカタチです。S make(s) it easier for X to do で「S は X が〜することをより簡単にする」という意味です。この問題文では、不定詞の to と原形動詞 record の間が空所です。不定詞を修飾するのは副詞なので、(A) accurately（正確に）が正解です。こうした、不定詞の to と原形動詞の間に副詞が入る形は、文法用語で分離不定詞と呼ばれるカタチで、TOEIC でも出ます。頭に入れておきましょう。(B)「正確な」は形容詞、(C)「正確さ」は名詞、(D)は名詞の複数形です。

訳：Pangflo 社の新ソフトプログラムは、小さな会社が正確に売り上げと経費を記録するのを簡単にします。

金のルール 22

品詞問題で、空所が準動詞を修飾していたら副詞を選ぶ。

動名詞 (Ving)、分詞 (Ving/Ved)、不定詞 (to V) は、文中で、名詞・形容詞・副詞といった動詞以外の役割をします。それぞれ動詞から派生したカタチですが、述語動詞にはならないので、準動詞と呼ばれます。準動詞は、元々動詞なので、修飾するのは副詞です。中でも注意が必要なのは、動名詞です。動名詞は、名詞同様、文の中で主語・目的語・補語の役割をしますが、動名詞を修飾するのは原則として副詞です。

❌ advertising や marketing、shipping といった単語は、名詞としても頻出します。new advertising campaign のように、名詞を修飾するのは形容詞です。品詞の見極めに注意しましょう。

23. ------- after he joined the company, Shigeru
Iwata created a best-selling video game.

(A) Short

(B) Shortness

(C) Shortly

(D) Shorten

空所後の節を修飾するのは？

 TOEICの世界には、ゲームは存在するが、ゲーム中毒になる人は存在し
ない。

空所後の接続詞afterからカンマまでが、after he joined the companyという文の要素がそろった節 (SV) です。こうした節を修飾するのは副詞なので、(C) Shortly (すぐに) が正解です。shortly after SVで、「SがVした後すぐに」という意味です。このように、副詞は、節や文全体なども修飾します。品詞問題では、空所が名詞を修飾していたら形容詞を、名詞以外を修飾していたら副詞を選ぶ、とシンプルに頭に入れましょう。(A)「短い」は形容詞、(B)「短さ」は名詞、(D)「短くする」は動詞です。

□ **best-selling** 形 ベストセラーの、ヒット商品の

訳：会社に加わってすぐに、Shigeru Iwataはビデオゲームのヒット作を作った。

金のルール 23

品詞問題で、空所が節や文全体を修飾していたら副詞を選ぶ。

副詞は、動詞や形容詞以外に、同じ副詞、節、文全体なども修飾します。例文で確認しておきましょう。

● Mr. Johnson works <u>extremely</u> diligently.
extremely (きわめて) が副詞のdiligently (勤勉に) を修飾。

● <u>Unfortunately</u>, tickets for the event are sold out.
unfortunately (残念なことに) が文全体を修飾。

● I don't know <u>exactly</u> where she lives.
exactly (正確に) がwhere she livesという節を修飾。

● The program is designed <u>specifically</u> for children.
specifically (特に) がfor childrenという句を修飾。

24. Although the painting depicts an eighteenth-century tea party, it is still ------- a contemporary piece of art.

(A) recognition
(B) recognizably
(C) recognizable
(D) recognize

 be動詞と冠詞の間に入るのは？

 TOEICの世界には、「お茶会」はあっても「飲み会」は存在しない。

文全体は、文頭の接続詞althoughが2つの節 (SV) をつなぐカタチです。カンマ後の節を見ると、itが主語、isが述語動詞、空所後の名詞a piece (作品) が補語で、文の要素がそろっています (stillは副詞)。したがって、空所に入るのは修飾語です。修飾語になるのは、名詞を修飾する形容詞か、名詞以外を修飾する副詞です。「S is ------- a 〜 .」のような、冠詞の外の空所に入るのは、文全体に補足情報を加える文修飾の副詞なので、(B) recognizably (明らかに、一目瞭然で) が正解です。形容詞の(C)「一目でわかる、明らかな」は、a recognizable face (一目でわかる顔) のように、冠詞の内側で名詞を修飾します。(A)「認知、称賛」は名詞、(D)「認識する、称える」は動詞です。

□ **depict** 動 描写する　　□ **contemporary** 形 現代の
□ **piece** 名 作品

訳：その絵画が描写しているのは、18世紀のティーパーティーだが、それでも現代の芸術作品であることは一目瞭然だ。

金のルール24

形容詞は、冠詞を飛び越えて名詞を修飾できない。

この問題のような、be動詞と冠詞の間の空所に副詞を選ぶ品詞問題は、定期的に出題されます。文法の基本ルールとして、形容詞は、冠詞の外から名詞を修飾することはできません。以下のカタチの違いをしっかり頭に入れておきましょう。

● 「S is ------- a/an/the 名詞」
　　⇨ 空所に入るのは副詞
● 「S is a/an/the ------- 名詞」
　　⇨ 空所に入るのは形容詞

25. Salcom Media announced today that it has
------- bid to purchase the Austin Starlings
baseball team.

(A) successful
(B) success
(C) succeeded
(D) successfully

💡 空所後の bid の品詞がポイントです。

 TOEICの世界には、野球、バスケ、テニス等、メジャーなスポーツしか
存在しない。

25. 正解 (D) successfully

　Salcom Media が主語、announced が述語動詞、that 節 (SV) が目的語です。that 節の中を見ると、it が主語です。ここで、has を述語動詞、bid を「入札」という意味の名詞で目的語と考え、空所に名詞を修飾する形容詞の (A)「成功した」を入れたいところですが、bid は可算名詞なので、単数形の場合、it has a successful bid と、冠詞 a が必要です。同様に、過去分詞の (C)「引き継いだ」を空所に入れ、has succeeded を現在完了形の述語動詞と考えても、やはり目的語の名詞 bid には冠詞が必要です。そこで、空所の前後 has bid を、動詞 bid (入札する) の現在完了形の V と考え、V を修飾する副詞の (D) successfully (うまく) を空所に入れると、正しい英文が完成します (動詞 bid は、過去形・過去分詞ともに bid です)。(B)「成功」は名詞です。

□ **bid** 動 入札する　　□ **purchase** 動 購入する

訳：Salcom Media は、Austin Starlings 球団を買収する入札に成功したことを今日、発表した。

金のルール 25

可算名詞は、単数形なら冠詞等が必要。

　bid のような可算名詞は、単数形で用いる場合、a bid のような冠詞、our bid のような所有格、this bid のような指示代名詞、one bid のような数詞といったコトバ (限定詞といいます) が前に必要です。何も付かないカタチでは使えません (複数形の bids はそのまま使えます)。例外として、「名詞＋名詞」のカタチでは、customer satisfaction (顧客満足) のように、何も付かない単数形の可算名詞が、後の名詞を形容詞的に修飾します。

26. ------- with this letter are a map of Cedarville and a pamphlet with information about the town's history.

(A) Include
(B) Included
(C) Includes
(D) Inclusion

 空所に入るのは主語でしょうか？

 TOEICの世界では、地図はアプリより紙が人気。

26. 正解 (B) Included

　主語になる名詞の (D) Inclusion (含めること) を空所に入れると、述語動詞が are なので、主述が合いません。そこで、補語の位置にあった過去分詞が文頭に出た倒置形と考え、(B) Included (含まれて) を空所に入れると、正しい英文が完成します。元々のカタチは、A map of Cedarville and a pamphlet with information about the town's history are included with this letter. です。これだと主語が長すぎるので、過去分詞 included から letter までのカタマリを文頭に移動し、その後を VS の語順にしたのが、倒置形の Included with X are A and B. (X に同封されているのは A と B だ) です。TOEIC でもよく出るカタチなので、頭に入れましょう。(A)「含む」は動詞、(C) はその 3 人称単数現在形です。

訳：この手紙に同封されているのは、Cedarville の地図と、町の歴史ついての情報が掲載された小冊子です。

金のルール 26

押さえておきたい Part 5 で狙われる倒置のパターン。

● if 節の if が省略され、should が文頭に出たカタチ (もし〜なら)。
Should you have any questions, please contact me.

● included/attached/enclosed が文頭に出たカタチ (同封・添付されているのは〜)。
Included/Attached/Enclosed is my résumé.

● not only X but (also) Y の not only が文頭に出たカタチ (X だけでなく Y も)。
Not only is Tex Kato a teacher, but he is also a writer.

27. Although the company was split into two separate firms, they continued to enjoy a ------- working relationship.

(A) prosperously
(B) prosperity
(C) prosperous
(D) prosper

 このカタチは意味がポイントです。

 TOEICの世界では、会社同士は常に友好関係にある。

27. 正解 (C) prosperous

　文全体は、文頭の接続詞althoughが2つの節 (SV) をつなぐカタチです。カンマ後の節を見ると、theyが主語、continuedが述語動詞、to enjoy以降が目的語（不定詞の名詞的用法）です。不定詞の中を見ると、空所後のworkingは「仕事上の」という意味の形容詞で、名詞relationshipはenjoyの目的語です。つまり、「a ------- 形 名」のカタチです。ここで、直後の形容詞を修飾する副詞の(A)「好調に」を空所に入れると、「好調に仕事上の関係」となり、意味が通じません。そこで、形容詞の(C) prosperous（好調な）を空所に入れると、working relationshipという名詞のカタマリを修飾し、「好調な仕事上の関係」となり、文意が通ります。prosperousは、rich and successful（儲かっていて、成功している）という意味です。(B)「繁栄」は名詞、(D)「繁栄する」は動詞です。

□ **although** 接 〜だが　　□ **split** 動 分割する
□ **separate** 形 別々の　　□ **firm** 名 会社

訳：その会社は、2つの別々の会社に分割されたが、好調な仕事上の関係を維持した。

金のルール 27

「冠 ------- 形 名」の空所には、形容詞が入る場合もある。

　このカタチの品詞問題では、a really good ideaのように、直後の形容詞を修飾する副詞が正解になることが多いのですが、形容詞が空所に入る場合もあります。たとえば、「a ------- black cat」の空所に、形容詞のlargeを入れると、「大きな黒い猫」で意味が通りますが、副詞のlargelyだと、「主に黒い猫」で意味が通じません。

28. Ms. Flynn proposed several environmental solutions during the ------- debate on pesticide use in agriculture.

(A) liveliness
(B) lived
(C) living
(D) lively

空所に入れて意味が通じる形容詞は？

 TOEICの世界では、農業は無農薬が基本。

28. 正解 (D) lively

空所後の名詞debate (討論会) は前置詞duringの目的語で、空所には名詞を修飾する形容詞が必要です。選択肢中、空所に入れて意味が通じる形容詞は、(D) lively (活発な) です。livelyは、語尾が副詞に多い-lyですが、「活発な、活気のある」といった意味の形容詞です。TOEICでも、lively discussion (活発な議論) や lively restaurants (活気のあるレストラン) といったカタチで出ます。(A)「活気」は名詞、(B)は動詞live (住む) の過去形・過去分詞です。(C)を、形容詞の役割をする現在分詞として空所に入れると、「生きている討論会」となり意味が通りません。また、livingは、「生活のための」の意味の動名詞として、living room や living expenses (生活費) のようなカタチで名詞を修飾しますが、ここでは意味が通じません。

□ **solution** 名 解決策　　□ **debate** 名 討論会
□ **pesticide** 名 殺虫剤

訳：Flynnさんは、農業における殺虫剤の使用に関する活発な討論会で、いくつかの環境問題の解決策を提案した。

金のルール 28

品詞問題で、注意が必要な語尾が-lyの形容詞。

品詞問題では、lively以外に以下の2つが狙われます。

timely (タイミングが良い)

● in a <u>timely</u> manner (タイミングの良いやり方で)

costly (お金がかかる)

● a <u>costly</u> procedure (お金のかかる手続き)

このほか、lovely (魅力的な) や friendly (フレンドリーな)、monthly (毎月の) といった単語も、形容詞として頻出します (monthlyには副詞の用法もあります)。

29. Ms. Li's colleagues find her approach to designing architectural spaces quite -------.

(A) inspirational
(B) inspirationally
(C) inspiration
(D) inspire

 動詞 find の語法がポイントです。

 TOEIC の世界には、やさしい同僚しか存在しない。

29. 正解 (A) inspirational

Ms. Li's colleaguesが主語、findが述語動詞、her approachが目的語です。動詞findには、SVOのカタチで、「SはOを見つける」という意味がありますが、「Liさんの同僚は彼女の手法を見つける」では文意が通じません。そこで、SVOCのカタチで、「SはOがCだと思う、わかる」の意味だと考え、読み進めます。前置詞toからspacesまでは、her approachを修飾する形容詞のカタマリ (approach to doingで「〜する手法」という意味)、副詞quite (かなり) は空所に対する修飾語で、空所には補語の形容詞が必要です。したがって、形容詞(A) inspirational (刺激的な) が正解です。S find her approach inspirational. で、「Sは彼女の手法を刺激的だと思っている」となり、文意も通ります (Her approach is inspirational.のO＝Cの関係が成立します)。(B)「刺激的に」は副詞、(C)「刺激」は名詞、(D)「刺激を与える」は動詞です。

□ colleague 名 同僚 　 □ architectural space 建築空間

訳：Liさんの同僚は、建築空間をデザインする彼女の手法を、とても刺激的だと思っている。

金のルール 29

findとmakeはSVOCのカタチに注意。

Part 5では、find O C (OがCだと思う、わかる) と、make O C (OをCにする) のSVOCのカタチに注意。このカタチでは、O＝Cの関係があり、Cの位置には形容詞や分詞、名詞が入ります。

- I **found** the book interesting. (The book is interesting.)
- The movie **made** him popular. (He is popular.)
- She **found** the window broken. (The window is broken.)
- They **made** me a manager. (I am a manager.)

30. Please be aware that express delivery is available upon request but subject to ------- shipping charges.

(A) additionally
(B) add
(C) additive
(D) additional

💡 toの見分けがポイントです。

 TOEICの世界には、顧客に無断で送料のかかる速達で品物をバンバン送り付け、苦情が殺到した会社が存在する。

30. 正解 (D) additional

　文全体は、Please be aware that SV. のカタチです。that 節の中では、express delivery is available but subject to ~. と、接続詞 but が 2 つの補語（形容詞 available と subject）をつないでいます。空所前の subject to の to は前置詞で、空所後の shipping charges（送料）はその目的語（「名詞＋名詞」のカタチ）です。「名詞＋名詞」のカタチを修飾するのは形容詞なので、(D) additional（追加の）が正解です。be subject to X は「X の対象となる、X になる場合がある」という意味で、Prices are subject to change.（値段は変更になる場合がある）といったカタチで頻出します（この change は名詞）。(A)「加えて」は副詞、(B)「加える」は動詞、(C)「添加物」は名詞です。

□ **aware** 形 気づいている　　□ **upon request** リクエストがあれば
□ **be subject to** ～の対象となる、～になる場合がある

訳：リクエストがあれば速達がご利用いただけますが、追加の送料の対象となりますことをご承知おきください。

金のルール 30

Part 5 で注意したい to の見分け。

不定詞（原形動詞を伴う）

in order to do / in an effort to do（～するために）

前置詞（名詞・動名詞を伴う）

be committed/dedicated to X（X に尽力して）、be subject to X（X の対象となる）、in addition to X（X に加えて）、look forward to X（X を楽しみにしている）、prior to X（X の前に）、contrary to X（X に反して）、in contrast to X（X と対照的に）、thanks to X（X のおかげで）

◀ 31

31. The chamber of commerce's annual business plan ------- is a wonderful opportunity for emerging entrepreneurs.

(A) competitive
(B) competition
(C) competitor
(D) competitively

◀ 32

32. Mr. Hudson purchased the flooring and tiles for his kitchen ------- before installing them.

(A) separately
(B) separation
(C) separate
(D) separating

31. 正解 (B) competition 金のルール1

「商工会議所の年に1度のビジネスプラン ------- は」の空所に入る主語が必要です。主語になる名詞(B)(C)のうち、述語動詞isの補語であるa wonderful opportunity (素晴らしい機会) とイコールになるのは、(B) competition (コンテスト、競技会) です。competitionは、「競争」以外に、この「コンテスト、競技会」の意味でもTOEICに頻出します。(C)「競争相手」は補語とイコールにならず意味が通じません。(A)「他に負けない」は形容詞、(D)「他に負けないように」は副詞です。SVの間が空所と考え、(D)を入れると文意が通じません。

□ **chamber of commerce** 商工会議所　　□ **annual** 形 年に1度の
□ **emerging** 形 新進気鋭の、新興の　　□ **entrepreneur** 名 起業家

訳：商工会議所の年に1度のビジネスプランコンテストは、新進気鋭の起業家にとって、素晴らしい機会だ。

32. 正解 (A) separately 金のルール18

Mr. Hudsonが主語、purchasedが述語動詞、the flooring and tilesが目的語で、空所がなくても文の要素がそろっています (前置詞before以降は修飾語)。こうした文の要素がそろったカタチの後に置き、述語動詞を後ろから修飾するのは副詞なので、(A) separately (別々に) が正解です。(B)「分離」は名詞、(C)は「別々の」という形容詞か「分ける」という動詞、(D)は現在分詞・動名詞です。「文の要素がそろったカタチの後の空所には副詞を選ぶ」のが、品詞問題を解く際の基本です。

□ **purchase** 動 購入する　　□ **flooring** 名 床材
□ **install** 動 設置する、インストールする

訳：Hudsonさんは、キッチン用の床材とタイルを、設置する前に別々に購入した。

33. Beginning on December 1, Rhomtel Media will use a new system for sending news updates to its -------.

(A) subscription
(B) subscribe
(C) subscribers
(D) subscribing

34. We apologize for the delay and will ship the ------- items by February 1.

(A) remained
(B) remain
(C) remaining
(D) remains

33. 正解 (C) subscribers　　　　　　　　金のルール 4

空所には、前置詞 to の目的語になる名詞が必要 (its は「その」という意味の所有格) です。選択肢中、(A)(C) が名詞なので、意味を考えます。news updates (最新ニュース) を送る相手は「人」なので、(C) subscribers (購読者) が正解です。(A)「購読、長期契約」は意味が通じません。(B)「購読する、長期契約する」は動詞、(D) はその現在分詞・動名詞です。名詞が正解になる品詞問題で、選択肢に「人」「人以外」が並んでいたら、必ず意味を考えましょう。

訳：12月1日から、Rhomtel Media は、最新ニュースを購読者に送るための新しいシステムを使う予定だ。

34. 正解 (C) remaining　　　　　　　　金のルール 13

文全体は、接続詞 and が apologize と will ship という2つの述語動詞をつなぐカタチです。空所後の名詞 items は、will ship の目的語で、空所には名詞を修飾する形容詞が必要です。選択肢中、形容詞の機能を持つのは、分詞の (A)(C) です。このうち、現在分詞の (C) remaining を空所に入れると、「残りの品物、残っている品物」となり文意が通ります。なお、名詞を修飾する過去分詞は通常、boiled egg (ゆで卵) のように、「受け身」の意味を表します。「受け身」にならない自動詞の過去分詞が名詞を修飾するのは、fallen leaves (落ち葉) のような、「状態の変化」を表す場合に限られます。したがって、自動詞 remain (〜のままでいる) の過去分詞の (A) も名詞を修飾しません。(B) は動詞、(D) はその3人称単数現在形です。

□ **apologize** 動 お詫びする　　□ **delay** 名 遅れ

訳：当社は遅れをお詫びし、残りの品物を2月1日までに出荷します。

35. The new racing game developed by Bliztech Arts is expected to be extremely -------.

(A) excite
(B) exciting
(C) excitement
(D) excited

36. Among the paralegals at Rubin Law Offices, Marissa Perkins is one of the -------.

(A) competency
(B) competently
(C) more competency
(D) most competent

35. 正解 (B) exciting　　　金のルール 13

The new racing game が主語で、developed by Bliztech Arts は主語を説明する形容詞のカタマリ（developed は過去分詞）です。is expected が述語動詞で、空所には、be 動詞 be の補語になる形容詞が必要です。選択肢中、形容詞の機能を持つのは、分詞の (B)(D) です。「する・される」の関係を考えると、ゲームは人を興奮させる側なので、能動の意味を表す現在分詞の (B) exciting（エキサイティングな）が正解です。受動の意味を表す過去分詞の (D)「興奮して」は意味が通じません。(A)「興奮させる」は動詞、(C)「興奮」は名詞です。

□ **develop** 動 開発する
□ **be expected to be** 〜だと期待されている
□ **extremely** 副 きわめて

訳：Bliztech Arts が開発した新しいレーシングゲームは、非常にエキサイティングだろうと期待されている。

36. 正解 (D) most competent　　　金のルール 12

Marissa Perkins が主語、is が述語動詞、one が補語です。空所に前置詞 of の目的語が必要と考え、名詞の (A)「能力」や (C)「より多くの能力」を空所に入れると、主語とイコールにならず意味が通じません（one of the の後には必ず複数形の名詞が入るので、数も合いません）。そこで、反復する名詞 paralegals が空所後に省略された「one of the ------- (paralegals)」のカタチと考え、空所に形容詞の最上級 (D) most competent（最も有能な）を入れると正しい英文が完成します。意味が明らかな場合に、最上級の形容詞の後の名詞が省略されるこのカタチは、何度か出題例があります。(B)「上手に」は副詞です。

□ **paralegal** 名 法律事務員（弁護士の補助業務を行う人）

訳：Rubin 法律事務所の法律事務員の中で、Marissa Perkins は、最も有能な1人だ。

37. Adanni Engineering appointed a contractor to carry out repairs and other ------- work at its factory.

(A) maintain
(B) maintained
(C) maintenance
(D) maintains

38. Job seekers must ------- demonstrate their skills and experience to potential employers.

(A) effective
(B) effect
(C) effectively
(D) effected

37. 正解 (C) maintenance　　　金のルール20

Adanni Engineering が主語、appointed が述語動詞、a
contractor が目的語です。目的を表す不定詞の部分は、to
carry out X and Y のカタチで、空所後の work は、carry out
の目的語の名詞です。この名詞を修飾する形容詞が正解候補
ですが、選択肢にありません。また、形容詞の機能を持つ、動
詞 (A) maintain (保守点検する) の過去分詞の (B) を空所に入
れると、「保守点検された作業」となり意味が通じません。そ
こで、「名詞+名詞」のカタチと考え、(C) maintenance (保守
点検) を空所に入れると、maintenance work (保守点検作業) と
なり、文意が通じます。(D) は動詞の3人称単数現在形です。

□ **appoint** 動 指名する　　□ **contractor** 名 請負業者
□ **carry out** 実行する

訳：Adanni Engineering は、自社工場で補修やその他の保守点検作業
　　を行うため、請負業者を指名した。

38. 正解 (C) effectively　　　金のルール16

Job seekers が主語、空所前が助動詞の must、後が原形動
詞 demonstrate です。助動詞と原形動詞はセットで述語動
詞です。間に入るのは述語動詞を修飾する副詞なので、(C)
effectively (効果的に) が正解です。demonstrate は TOEIC 頻
出動詞で、「~をはっきり示す、実演する」という意味です。
(A)「効果的な」は形容詞、(B) は、「効果、影響」という名詞
か、「~をもたらす」という動詞、(D) は動詞の過去形・過去
分詞です。助動詞と原形動詞の間の空所に副詞を選ぶ問題
は、品詞問題の定番の出題パターンの1つです。

□ **job seeker** 求職者　　□ **potential** 形 潜在的な
□ **employer** 名 雇用主、雇用者

訳：求職者は、潜在的な雇用主に対し、自らのスキルや経験を効果的に
　　示さなければならない。

39. A color illustration of the blender will be added to the instruction manual, with all parts ------- labeled.

(A) clear
(B) cleared
(C) clearly
(D) clearer

40. ------- alert a factory manager when a mechanical problem occurs on the assembly line.

(A) Promptly
(B) Prompt
(C) Prompting
(D) Prompts

　空所前が、前置詞withの目的語のall parts、後が過去分詞labeled (ラベルを付けられた) です。この「with O 分詞」のカタチは、「Oが〜した・された状態で」という同時状況を表します。ここでは、「すべてのパーツにラベルが付けられた状態で」という意味です。つまり、空所がなくても文が成立しているので、空所に入るのは修飾語です。直後の過去分詞labeledを修飾するのは副詞なので、(C) clearly (はっきりと) が正解です。(A)は「明快な、きれいな」という形容詞か、「きれいにする」という動詞、または「(近づかずに) 離れて」という副詞、(B)は動詞の過去形・過去分詞、(D)は形容詞の比較級です。(A)を副詞として空所に入れると意味が通じません。

□ **blender** 名 (料理用の) ミキサー　　□ **label** 動 ラベルを付ける

訳：すべてのパーツの名前をはっきりラベルで示したカラーイラストが、ミキサーの取扱説明書に追加される。

　空所後のalertには、「警報、アラート」という名詞、「警戒して」という形容詞、「〜に通報する」という動詞の3つの品詞があります。ここでは、「〜に通報してください」という意味の命令文の文頭の原形動詞で、その後のa factory managerが目的語です。したがって、空所に入るのは、述語動詞を修飾する副詞の(A) Promptly (すぐに、すばやく) です。(B)は、「すばやい」という形容詞か、「促す」という動詞、または、「(画面上で入力を促す) プロンプト」という名詞です。(C)は動詞の現在分詞・動名詞、(D)は、動詞の3人称単数現在形または名詞の複数形です。(D)を、主語の名詞として空所に入れると意味が通じません。

□ **occur** 動 起こる　　□ **assembly** 名 組み立て

訳：組み立てラインで機械の問題が起こったら、すぐに工場長に通報してください。

41. The shipping ------- for your package depends on its weight and the distance to the delivery destination.

(A) rates
(B) rater
(C) rate
(D) rated

42. The store manager was extremely ------- about the shipping delay and offered a full refund.

(A) apologize
(B) apology
(C) apologetic
(D) apologetically

41. 正解 (C) rate 　　🚄 金のルール3

　空所には、主語になる名詞が必要です。選択肢中、名詞の機能を持つのは(A)(B)(C)です。このうち、3単現のsが付いた述語動詞depends on (〜によって決まる、〜次第である)と主述が一致し、意味が通じるのは、単数形の名詞(C) rate (料金)です。shipping rateは「送料」という意味です(「名詞+名詞」のカタチ)。複数形の(A)は述語動詞と主述が合いません。(B)「評価者」は意味が通じません。(D)は動詞 rate (評価する)の過去形・過去分詞です。主語を選ぶ品詞問題で、単数形と複数形の名詞が選択肢に並んでいたら、主述の一致に注意しましょう。

□ **shipping** 名 出荷、配送　　□ **depend on** 〜によって決まる、
〜次第である　　□ **destination** 名 目的地

訳：あなたの荷物の送料は、重さと配達先までの距離によって決まります。

42. 正解 (C) apologetic 　　🚄 金のルール9

　The store manager が主語、was が述語動詞で、空所には補語が必要 (about以降は修飾語) です。補語になるのは形容詞なので、(C) apologetic (申し訳なさそうな)が正解です (-tic は形容詞に多い語尾の1つ)。be extremely apologetic about X は、「Xに関して非常に申し訳なさそうな」という意味です。この、「be動詞 副詞 -------」の空所に補語の形容詞を選ぶ品詞問題は定期的に出題されます。(A)「お詫びする」は動詞、(B)「お詫び」は名詞です。名詞は補語になりますが、ここでは主語とイコールにならず意味が通じません。(D)「申し訳なさそうに」は副詞です。

□ **extremely** 副 きわめて、非常に　　□ **delay** 名 遅れ
□ **full refund** 全額返金

訳：店長は出荷の遅れに関して非常に申し訳なさそうで、全額返金を申し出た。

43. A variety of discounts are currently being offered ------- to members of Zavala Clothier's loyalty program.

(A) excluding
(B) exclusively
(C) exclusion
(D) exclusive

44. Nicki Harris agreed to star in the film after ------- reviewing the script.

(A) careful
(B) care
(C) carefully
(D) cared

43. 正解 (B) exclusively　　　　　金のルール 2

A variety が主語、are being offered が現在進行形の受動態の述語動詞で、空所後の前置詞 to 以降は修飾語です。文の要素がそろっているので、空所に入るのは修飾語です。空所後の前置詞 to 以降の副詞のカタマリを修飾するのは、副詞の (B) exclusively (限定で) です。副詞はこうした句 (SV を含まないカタマリ) も修飾します。exclusively は only の意味で頻出するので、意味も覚えましょう。(A)「～を除いて」は前置詞、(C)「除外」は名詞、(D)「限定の、高級な」は形容詞です。

□ **a variety of** さまざまな　　□ **currently** 副 現在
□ **clothier** 名 洋品店　　□ **loyalty program** ロイヤルティ・プログラム (顧客の忠誠心を高めるためのプログラム)

訳：さまざまな割引が、Zavala 洋品店のロイヤルティ・プログラムの会員のみに現在提供されている。

44. 正解 (C) carefully　　　　　金のルール 22

文頭から film までが節 (SV)、空所後の reviewing は動名詞で、reviewing the script (台本を検討すること) は、前置詞 after の目的語となる名詞のカタマリです。文の要素がそろっているので、空所に入るのは修飾語です。空所後の動名詞 reviewing を修飾するのは、副詞の (C) carefully (慎重に) です。(A)「慎重な」は形容詞で、after a careful review of the script (台本の慎重な検討後) のように名詞を修飾します。名詞を修飾するのは形容詞、動名詞を修飾するのは副詞、という基本を押さえましょう。(B)は「ケア」という名詞か、「関心を持つ、心配する」という動詞、(D)は動詞の過去形・過去分詞です。

□ **agree** 動 同意する　　□ **star** 動 主演する
□ **review** 動 検討する　　□ **script** 名 台本

訳：Nicki Harris は、慎重に台本を検討した後で、その映画に主演することに同意した。

45. According to its president, Icaro Avionics is planning to open a second assembly ------- in Brandenburg.

(A) planted
(B) planting
(C) plants
(D) plant

46. The president asked the directors for innovative yet ------- suggestions for dealing with the company's public relations issues.

(A) sensible
(B) sensibly
(C) sensibility
(D) senses

45. 正解 (D) plant

Icaro Avionicsが主語、is planningが述語動詞で、続く不定詞to open (〜をオープンすること) の目的語の名詞が空所に必要です。空所前に冠詞aがあるので、単数形の名詞(D) plant (工場) が正解です。assembly plant (組立工場) は、前の名詞が形容詞的に後の名詞を修飾する「名詞＋名詞」のカタチです (assemblyは語尾が-lyですが、副詞ではなく名詞です)。(A) は動詞plant (植える) の過去形・過去分詞、(B) はその現在分詞・動名詞です。(C) は名詞の複数形か、動詞の3人称単数現在形です。

□ **according to** 〜によると　　□ **avionics** 名 航空電子機器、航空電子工学　　□ **assembly** 名 組立

訳：社長によると、Icaro航空電子は、Brandenburgに2つ目の組立工場をオープンする計画だ。

46. 正解 (A) sensible

The presidentが主語、askedが述語動詞、the directorsが目的語で、for以降は修飾語です。空所後の名詞suggestions (提案) は、前置詞forの目的語で、空所には名詞を修飾する形容詞が必要です。したがって、(A) sensible (実用的な、妥当な) が正解です。(B)「分別をもって」は副詞、(C)「感受性」は名詞、(D) は名詞sense (感覚) の複数形です。空所前のyetには、butの意味で同じカタチをつなぐ等位接続詞の用法があるのに注意しましょう。ここでは、innovative yet sensibleで、「斬新だが実用的な」という意味です。

□ **director** 名 取締役　　□ **innovative** 形 斬新な
□ **yet** 接 だが　　□ **deal with** 〜に対処する
□ **public relations** 広報　　□ **issue** 名 課題

訳：会社の広報の課題に対処するための斬新でありつつも実用的な提案を、社長は取締役に求めた。

47. The Pritchard Inn in Birmingham ------- ranks highest for guest satisfaction in the region.

(A) predictably
(B) prediction
(C) predictable
(D) predictability

48. The salesperson quoted an amount that was ------- higher than what Mr. Garneau had expected.

(A) slight
(B) slightly
(C) slightness
(D) slighter

47. 正解 (A) predictably　金のルール2

　The Pritchard Inn が主語で、空所後のranksは、名詞（順位）の複数形か動詞（順位を占める）の3人称単数現在形です。ここでは、空所以降に述語動詞が見当たらないので、述語動詞と判断します。主語と述語動詞の間の空所に入るのは、述語動詞を修飾する副詞なので、(A) predictably（予想通り）が正解です（highestはranksを修飾する最上級の副詞）。品詞問題では、document（名 書類　動 記録する）やproduce（名 農産物　動 生産する）のように、名詞と動詞両方の用法を持つ単語が設問文や選択肢に入っている場合があるので、落ち着いて文のカタチを確認しましょう。(B)「予言」は名詞、(C)「予想可能な」は形容詞、(D)「予測可能性」は名詞です。

□ **rank** 動 ランクインする、順位を占める
□ **satisfaction** 名 満足　　□ **region** 名 地域

訳：BirminghamにあるPritchardインは、顧客満足度で、予想通りその地域で1位にランクインしている。

48. 正解 (B) slightly　金のルール17

　The salesperson が主語、quoted が述語動詞、an amount が目的語です。続くthatは、主格の関係代名詞で、amountを後ろから説明する形容詞のカタマリ（形容詞節）を作っています。that以降の節を見ると、wasが述語動詞で、空所後のhigherは形容詞の比較級で補語です。be動詞と補語の形容詞の間の空所に入るのは、形容詞を修飾する副詞なので、(B) slightly（わずかに）が正解です。(A)「わずかな」は形容詞、(C)「わずかなこと」は名詞、(D)は形容詞の比較級です。

□ **quote** 動 （見積もりを）提示する

訳：その営業担当者は、Garneauさんが予想していたより、わずかに高い金額を提示した。

49. Atanas Electric uses the highest quality parts and materials to ensure that our equipment operates as ------- as possible.

(A) efficient
(B) efficiency
(C) efficiently
(D) efficiencies

50. Jarafi Designs has a wide selection of ------- crafted furniture in its new showroom on Fifth Avenue.

(A) beauty
(B) beautifully
(C) beautify
(D) beautified

49. 正解 (C) efficiently 　　金のルール 21

「as ------- as possible」の空所に入るのは形容詞か副詞なので、(A)(C)が正解候補です。「asとasの間が空所の品詞問題は、asとas以降を取って考える」の鉄則に従うと、不定詞to ensureに続くthat節 (SV) の中は、「our equipment operates -------.」となります。この空所に入り、述語動詞operates (作動する) を修飾するのは副詞なので、(C) efficiently (効率的に) が正解です。動詞operateは補語をとらないので、空所に形容詞の(A)「効率的な」は入れられません。(B)「効率」は名詞、(D)はその複数形です。

□ **ensure** 動 保証する　　□ **operate** 動 作動する

訳：Atanas Electricは、当社の機器ができるだけ効率的に作動することを保証するため、最高品質の部品と材料を使用しています。

50. 正解 (B) beautifully 　　金のルール 22

Jarafi Designsが主語、hasが述語動詞、selectionが目的語で、of以降は修飾語です。空所後のcrafted (作られた) は、直後の名詞furniture (家具) を修飾する形容詞として機能する過去分詞です (furnitureは前置詞ofの目的語)。空所には、この過去分詞を修飾する副詞が必要なので、(B) beautifully (美しく) が正解です。(A)「美しさ」は名詞、(C)「美化する」は動詞、(D)「美化された」は動詞の過去形・過去分詞です。

□ **a wide selection of** 幅広い種類の
□ **craft** 動 (手で精巧に) 作る

訳：Jarafi Designsの5番通りの新しいショールームには、美しく作り上げられた幅広い種類の家具がある。

51. From January to March, ------- handbags can be found in the clearance section of all Brocker Fashion stores.

(A) discontinued
(B) discontinue
(C) discontinuing
(D) discontinues

52. Vamasoft is currently advertising several job ------- for software engineers based in San Francisco.

(A) opens
(B) openings
(C) openness
(D) opened

51.　正解 (A) discontinued

文頭の From January to March は修飾語（副詞のカタマリ）で、空所後の名詞 handbags が主語です。空所に入るのは名詞を修飾する形容詞なので、形容詞の機能を持つ分詞の (A) (C) が正解候補です。次に、分詞と名詞との間の関係を考えると、handbags は「製造中止にされる」側なので、受動の意味を表す過去分詞の (A) discontinued（製造が中止された）が正解です。handbags は製造中止にする側ではないので、能動の意味を表す現在分詞の (C)「製造中止にしている」は意味が通じません。(B)「（製造・生産・販売等）を中止する」は動詞、(D) はその3人称単数現在形です。

訳：1月から3月まで、製造中止になったハンドバッグは、Brocker Fashion の全店舗の在庫一掃コーナーで見つかります。

52.　正解 (B) openings

Vamasoft が主語、is advertising が述語動詞です。続く形容詞 several（いくつかの）は、必ず複数形の名詞を伴うので、単数形の job が目的語ではありません。空所に複数形の名詞 (B) openings を入れると、job openings（仕事の空き、求人）という「名詞＋名詞」のカタチの目的語ができて、正しい英文が完成します。(A) は、動詞 open（開ける、開く）の3人称単数現在形です。open は動詞または形容詞で、名詞ではありません（「店のオープン」は和製英語で、英語では a store opening または the opening of a store です）。(C) は、「（気持ちを隠さない）オープンさ」といった意味の不可算名詞です。several とカタチが合わず、意味も通じません。(D) は動詞の過去形・過去分詞です。

□ **currently** 副 現在　　□ **based in** 〜に拠点がある

訳：Vamasoft は現在、San Francisco を拠点とするソフトウェア技術者の求人をいくつか出している。

53. Center Park's sprinkler irrigation system will be upgraded in an effort to reduce water -------.

(A) consume
(B) consumable
(C) consumed
(D) consumption

54. After multiple failed ------- to log in to her account, Ms. Fischer contacted the newspaper's subscription department.

(A) attempt
(B) attempted
(C) attempts
(D) attempting

53. 正解 (D) consumption 金のルール20

　文末に置いて述語動詞を後ろから修飾する副詞が選択肢に
ないので、「名詞＋名詞」のカタチではないかと考えます。空
所に名詞(D) consumption (消費) を入れると、water con-
sumption (水の消費) という、動詞reduce (減らす) の目的語とな
る名詞のカタマリができて文意が通ります。(A)「消費する」は
動詞、(B)は「消費可能な」という形容詞か「消費財」という名
詞、(C)は動詞の過去形・過去分詞です。(B)は、名詞として空
所に入れると意味が通じず、形容詞は1語の場合、consum-
able goods (消費財) のように名詞を前から修飾します。

□ **sprinkler irrigation system**　スプリクラーによる散水システム
□ **in an effort to do**　〜するために

訳：中央公園のスプリンクラーによる散水システムは、水の消費を減ら
　　すため、改良される予定だ。

54. 正解 (C) attempts 金のルール7

　空所には、文頭の前置詞afterの目的語になる名詞が必要
なので、(A)(C)が正解候補です (multipleとfailedは空所を修飾
する形容詞)。形容詞multiple (複数の) は、「2以上」を表すの
で、複数形の(C) attempts (試み) が正解です。(A)は「試み」
という名詞か「試みる」という動詞です。単数名詞のattempt
は数が合わず、可算名詞なので、単数形なら冠詞等が必要で
す。(B)は動詞の過去形・過去分詞、(D)は現在分詞・動名
詞です。multipleは、長文で正解の根拠にもなるので、「2
以上」と頭に入れましょう。

□ **multiple**　形 複数の　　□ **failed**　形 失敗した
□ **subscription**　名 購読　　□ **department**　名 部

訳：自分のアカウントへのログインに複数回失敗した後、Fischerさん
　　はその新聞の購読部に連絡した。

55. Our Web site offers customers an -------
how-to section on maintaining and repairing
Norleigh bicycles.

(A) extend
(B) extension
(C) extensively
(D) extensive

56. Attleberton Hotel is located near Lake Claire
and Mount Garber, both ------- from the
top-floor observation deck.

(A) visible
(B) vision
(C) visibility
(D) visibly

55. 正解 (D) extensive　　金のルール27

Our Web site が主語、offers が述語動詞、customers と section が目的語のSVOOのカタチです。空所後の how-to (ハウツーの、やり方の) は形容詞なので、空所の前後は、「an ------- 形 名」のカタチです。この空所に入るのは、副詞か形容詞です。直後の形容詞を修飾する副詞の (C)「広範囲に」を空所に入れると、「広範囲にハウツーのコーナー」となり意味が通じません。そこで、形容詞の (D) extensive (くわしい、広範囲の) を空所に入れると、「くわしいハウツーのコーナー」となり意味が通ります。(A)「延長する」は動詞、(B)「内線、延長」は名詞です。

訳：当社のウェブサイトでは、Norleigh 自転車の維持管理と修理に関するくわしいハウツーコーナーをお客様に提供しています。

56. 正解 (A) visible　　金のルール9

Attleberton Hotel からカンマまでが文の要素がそろった節 (SV) です。カンマ以降は、代名詞 both (両方) の後に、現在分詞 being が省略されている独立分詞構文と呼ばれるカタチです。分詞構文では、接続詞を使わずに、分詞が副詞のカタマリを作り、節に補足情報を加えます。そこで、この問題文に接続詞を足し、分詞を be 動詞に戻して考えます。すると、「～, and both are ------- from ～.」となり、空所には補語になる形容詞が必要だとわかるので、(A) visible (目に見える) が正解です。(B)「視力、展望」と (C)「視界」は名詞、(D)「目に見えて」は副詞です。名詞も補語になりますが、「both (= 湖と山の両方)」とイコールにならず、意味が通じません。

□ **observation deck**　展望台

訳：Attleberton ホテルは、Claire 湖と Garber 山の近くにあり、どちらも最上階の展望台から見える。

57. Headquartered in Berlin, Seidel Fidelity is a top ------- of high-end stereo equipment.

(A) producer
(B) product
(C) produce
(D) production

58. The designer added some space between the company name and logo to make the packaging more -------.

(A) attract
(B) attractive
(C) attraction
(D) attractively

57. 正解 (A) producer　　　　　金のルール 11

　文頭の Headquartered in Berlin は副詞のカタマリで修飾
語 (分詞構文) です。Seidel Fidelity が主語、is が述語動詞で、
空所には補語になる名詞が必要 (top は形容詞) です。選択肢
中、主語の会社とイコールになり、意味が通じる名詞は、(A)
producer (生産者) です。producer は、日本語では「人」を
表しますが、英語では、「(番組等の) プロデューサー」以外に、
「(会社・地域・国等、モノを生産・栽培する) 生産者、生産地」も表
します。(B)「製品」、(C)「農産物」、(D)「生産、(プロデュー
スされた) 作品」は、主語とイコールにならず、意味が通じま
せん。(D) は、「芸能プロダクション」のような和製英語に注
意しましょう。英語では会社は表しません。

□ **headquartered in** 〜に本社を置いて　□ **high-end** 形 最高級の

訳：Berlin に本社を置く Seidel Fidelity は、最高級ステレオ機器のト
　　ップのメーカーだ。

58. 正解 (B) attractive　　　　　金のルール 29

　この問題のポイントは、動詞 make の語法です。make の
後の名詞 the packaging (パッケージ) が目的語の SVO のカタ
チと考え、空所に副詞の (D)「魅力的に」を入れると意味が
通じません (dress attractively のように、主に見た目が魅力的な様子
を表し、make のような行為は表しません)。そこで、make OC (O
を C にする) のカタチと考え、補語になる形容詞 (B) attractive
(魅力的な) を空所に入れると、「パッケージをより魅力的にす
るために」となり文意が通じます (The packaging is attractive. の
O＝C の関係が成立します)。(A)「〜を引き付ける」は動詞、(C)
「魅力」は名詞です。名詞も補語になりますが、O＝C にならな
ず、意味が通じません。

訳：そのデザイナーは、パッケージをより魅力的にするため、会社の名
　　前とロゴの間にスペースを加えた。

59. Barry's Tackle not only sells a range of lures but also repairs ------- fishing equipment.

(A) specializing
(B) specially
(C) specialty
(D) specialize

60. The company name must always be displayed in legible characters and the logo ------- in the corporate colors.

(A) print
(B) prints
(C) printed
(D) printing

59. 正解 (C) specialty

空所後のfishing equipment (釣具) は、「名詞＋名詞」のカタチで、空所前の述語動詞repairsの目的語です。空所には名詞を修飾する形容詞が必要ですが、現在分詞の(A)を空所に入れると、「専門としている釣具」となり文意が通じません。そこで、名詞の(C) specialty (専門) を空所に入れると、「専門釣具」となり文意が通ります。こうした名詞が3つ並ぶカタチは、「spring fashion show」「chocolate ice cream」のように普通に用いられるので、頭に入れておきましょう。副詞の(B)「特別に」は名詞を修飾しません。(D)「専門とする」は動詞です。

□ **a range of** さまざまな　　□ **lure** 名 ルアー
□ **fishing equipment** 釣具

訳：Barry's Tackleは、さまざまなルアーの販売だけでなく、専門釣具の修理も行っている。

60. 正解 (C) printed

この問題文は、The company name must be displayed in ～ and the logo (must be) ------- in … と、接続詞andが2つの節 (SV) をつなぎ、反復するmust beが省略されたカタチです。後の節の主語のlogoは印刷される側なので、空所に過去分詞(C) printedを入れると、the logo (must be) printedの受動態が完成し、文意が通ります。接続詞andに続く部分では、語句の反復を避けるため、共通語句が省略されることがあります。(A)は、「印刷する」という動詞か「印刷(物)」という名詞、(B)は、動詞の3人称単数現在形か名詞の複数形、(D)は、「印刷」という名詞か現在分詞・動名詞です。

□ **legible** 形 読める　　□ **character** 名 文字
□ **corporate color** 会社のイメージカラー

訳：社名は常に読める文字で表示し、ロゴは会社のイメージカラーで印刷しなければならない。

第2章

動詞問題

「3つの視点」
で解く！

解き方の基本

Part 5で、毎回2〜3問程度出題されるのが、同じ動詞の異なる形が選択肢に並んでいる「動詞問題」です。解けないと、「どうし」ようもありません。**どうし**だけに(シーン)。

品詞問題では、選択肢に、名詞・動詞・形容詞・副詞といった異なる品詞(派生語)が並んでいました。一方、<u>動詞問題では、選択肢に同じ動詞の異なるカタチが並んでいます</u>。

動詞問題は、以下の3つのポイントを考えて解くのが基本です。

1. 主述の一致

「主述の一致」と聞くと難しそうに思えますが、要は、「主」語と「述」語動詞、つまり、SVのカタチがきちんと合う答えを選ぶタイプの問題です。

2. 態

主語が何かを「する」のが能動態(普通の文)、「される」のが受動態です。どちらの態が適切かを見極めて、答えを選ぶタイプの問題です。

3. 時制

問題文中の「時のキーワード」を手掛かりに、適切な時制を選ぶタイプの問題です。

では、例題でポイントを確認していきましょう。

1. 主述の一致

例題

61. The CEO of Relayal Holdings ------- restructuring of the bank to be completed by August.

(A) expecting
(B) expects
(C) to expect
(D) expect

解き方の手順

① 選択肢をチェック

選択肢に、動詞 expect (〜を予期する) の異なる形が並んでいるので、「動詞問題」です。

② 主語 (S) と述語動詞 (V) をチェック

まず、文の骨格となる主語 (S) と述語動詞 (V) を確認します。この問題文の主語は、The CEO (CEO は Chief Executive Officer の略で、「最高経営責任者」という意味) です。続く of Relayal Holdings は、主語を説明する形容詞のカタマリ (「前置詞＋名詞」は常に修飾語) です。問題を解く際は、空所の直前の名詞だけを見て、主語と見間違えないよう気を付けましょう。次に、述語動詞を探すと、空所以外に見当たりません。つまり、空所部分が述語動詞だとわかります。この時点で、現在分詞・動名詞の (A) と、不定詞の (C) は正解候補から外れます。

※動名詞・分詞・不定詞は準動詞と呼ばれ、名詞・形容詞・副詞といった動詞以外の役割をします。述語動詞にはなりません。

③ 3単現のsをチェック

　最後のチェックポイントは、「3単現のs」です。英語には、「主語が ③ 人称 (I と we と you 以外) の 単 数形 (1人・1つ) の場合、 現 在形の述語動詞には s を付ける」というルールがあります。ここでは主語が、The CEO という3人称単数です。したがって、現在形なら述語動詞に s が必要なので、(B) expects が正解です。(D) は3単現の s が付いていないため、主述が一致しません。なお、Part 5 では、I や you が主語になることは少ないので、「主語が単数形なら現在形の述語動詞には s を付ける」とシンプルなカタチで頭に入れましょう。

正解 (B) expects

□ **restructuring** 名 組織再編、組織替え

訳：Relayal ホールディングズの CEO は、銀行の組織再編が8月までに完了すると期待している。

金のルール 31

動詞問題では、「SV の確認」「3単現の s」を意識する。

　動詞問題を解く際は、まず、空所に求められているのが述語動詞なのか、それとも準動詞 (動名詞・分詞・不定詞) なのかを見極めます。その上で、空所に求められているのが述語動詞なら、主語が単数形か複数形かを必ず確認しましょう。主語が I・you 以外の単数形で時制が現在なら、述語動詞に s が必要です。特に、主語と述語動詞の間に長い修飾語があり、位置が離れている場合、ミスをしやすいポイントです。しっかり頭に入れましょう。

例題

62. The following suggestions were -------
from members of the local community.

(A) solicit
(B) soliciting
(C) solicited
(D) solicits

解き方の手順

① 選択肢をチェック

選択肢に、動詞solicit (〜を求める、嘆願する) の異なる形が
並んでいるので、「動詞問題」です。

② 主語 (S) と述語動詞 (V) をチェック

この問題文の主語 (S) は The following suggestions (以下
の提案) で、be動詞wereの直後が空所です。原形・現在形の
(A) と、3人称単数現在形の (D) は、be動詞と一緒に使えな
いので、正解候補から外れます。

③ 「〜する」か「〜される」かをチェック

次に、「態」の視点で (B)(C) を見ます。現在分詞の (B) を
空所に入れると、「〜しているところだった」という意味を表
す過去進行形の能動態です。過去分詞の (C) を空所に入れる
と、「〜された」という意味を表す過去形の受動態です。主語
の「提案」と動詞solicit (求める) との間には、「求められる」
という受動の関係があります。したがって、過去分詞の (C)
solicitedが正解です。「be動詞+過去分詞」はワンセットで
受動態の述語動詞です。しっかりカタチを頭に入れましょう。

④ 目的語の有無をチェック

　動詞solicitは難易度の高い単語ですが、「態」がポイントの動詞問題は、空所後の目的語の有無が解答のヒントになります。動詞問題では、選択肢の動詞の意味がわからない場合、「空所後に目的語（名詞）があれば能動態、なければ受動態を選ぶ」のが鉄則です。この問題文では、空所後が前置詞fromで目的語がないので、目的語が主語の位置に移動した受動態が正解だと判断できます。

●能動態

Members of the local community <u>solicited</u>
the following suggestions .
目的語がある

●受動態

The following suggestions <u>were solicited from</u>
主語の位置に目的語が移動　　　　be動詞＋過去分詞　　目的語がない
members of the local community.

正解 (C) solicited

□ **following** 形 以下の、次の

訳：以下の提案が、地元のコミュニティのメンバーから求められた。

金のルール 32

動詞問題では、「する・されるの関係」
「目的語の有無」を意識する。

　選択肢に同じ動詞の能動態と受動態が並んでいたら、「する・されるの関係」と「目的語の有無」を意識しましょう。主語と述語動詞との間に、「〜する」という能動の関係があれば能動態、「〜される」という受動の関係があれば、「be動詞＋過去分詞」のカタチの受動態が正解です。仮に選択肢の動詞が知らない単語でも、あきらめてはいけません。「態」がポイントの動詞問題では、空所後の目的語（名詞）の有無を確認し、あれば能動態、なければ受動態を選びましょう。また、選択肢が意味を知っている動詞でも、「する・される」の関係を考えつつ、目的語の有無も合わせて確認すれば、より確実性が増します。

❌ 受動態について

●能動態

Mr. Kato wrote the book.
（加藤さんがその本を書いた）

●受動態

The book was written by Mr. Kato.
（その本は加藤さんによって書かれた）

　このように、能動態の目的語を主語の位置に移動し、述語動詞を「be動詞＋過去分詞」のカタチにして、「〜される」という意味を表すのが受動態です。受動態の「be動詞＋過去分詞」の部分は、時制によって次ページのようなバリエーションがあります。カタチを頭に入れておきましょう。

●基本形：is / am / was / were ＋過去分詞

The book <u>is written</u> in English.
（その本は英語で書かれている）

●完了形：has / have / had been ＋過去分詞

The meeting <u>has been postponed</u>.
（その会議は延期された）

●進行形：is / are / was / were being ＋過去分詞

A car <u>is being repaired</u>.
（車が修理されているところだ）

●助動詞＋be ＋過去分詞

The schedule <u>can be found</u> on our Web site.
（スケジュールは当社のウェブサイトで見られます）

3. 時制

63. Last year, the Peralto Company -------
approximately fifty thousand bicycles in
Europe alone.

(A) selling
(B) sold
(C) has sold
(D) to sell

解き方の手順

① 選択肢をチェック

　選択肢に、動詞sell（～を売る）の異なる形が並んでいるので、「動詞問題」です。

② 主語 (S) と述語動詞 (V) をチェック

　この問題文の主語 (S) は、the Peralto Company です。空所後に述語動詞 (V) が見当たらないので、空所が述語動詞です。したがって、現在分詞・動名詞の (A) と、不定詞の (D) は正解候補から外れます（どちらも述語動詞にならない準動詞です）。

③「時のキーワード」をチェック

　(B)(C) は述語動詞になるカタチで、3 人称単数形の主語と主述が一致しています。また、どちらも能動態です。「主述の一致」「態」の視点では、正解を選ぶことはできません。そこで、「時制」の視点で問題文を見ると、文頭に Last year (昨年) という、「過去を表すキーワード」が見つかります。したがって、過去形の (B) sold が正解です。現在完了形の (C) has sold は、「過去＋現在」を表す時制なので、last year のような、過去の時点を表すキーワードと合わせて用いることはできません。

正解 (B) sold

□ **approximately** 副 約　　□ **alone** 形 〜だけで

訳：昨年、Peralto 社は、欧州だけで約 5 万台の自転車を販売した。

金のルール 33

動詞問題では、「時のキーワード」に注目する。

　動詞問題で、問題文中に「時のキーワード」があったら、「時制」がポイントの可能性大です。注意点として、現在完了形は、現在とのつながりを示す時制なので、現在と切り離された過去の出来事を表すことはできません。空所の出来事が

起きたタイミングが、yesterday, last year, three years ago
といった「過去を表すキーワード」で示されていた場合、現
在完了形は不正解です。本試験でも狙われるポイントなので
注意しましょう。

英語の基本時制のイメージ

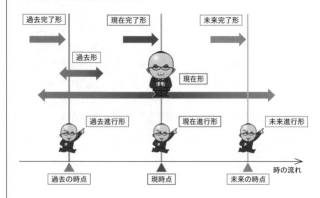

動詞問題のまとめ

　選択肢に同じ動詞の異なるカタチが並ぶ動詞問題は、「主
述の一致」「態」「時制」の3つの視点で考えるのが基本です。
実際に問題を解く際は、選択肢を見て動詞問題だとわかった
ら、同時に3つの視点で問題文を読み進め、それぞれの問題
に合わせて柔軟に対応しましょう。本試験では、「主述の一
致と態」「態と時制」といった複数のポイントを合わせて考え
るタイプの問題も出題されます。

　次ページ以降の練習問題で、3つの視点で動詞問題を解く
コツをつかみましょう。

◀ 64

64. There are several factors ------- in selecting the location of your business.

(A) are considered
(B) considering
(C) consider
(D) to consider

 述語動詞がすでにあります。

 TOEICの世界には、立地の悪さを跳ね返し、大成功する会社がしばしば登場する。

64. 正解 (D) to consider

　選択肢に動詞 consider (考慮する) の異なるカタチが並んでいます。文全体の SV を確認すると、空所前に述語動詞 are があります (factors が主語の There VS のカタチ)。すでに V があるので、空所に V は入れられません。したがって、V になるカタチの現在形の受動態の (A)、原形・現在形の (C) は正解候補から外れます。残る (B)(D) のうち、不定詞の (D) to consider を空所に入れると、正しい英文が完成します。不定詞が名詞を後ろから説明する、不定詞の形容詞的用法と呼ばれるカタチで、factors to consider で「考慮すべき要素」という意味です。現在分詞・動名詞の (B) を空所に入れると、「要素が考慮する」という能動の意味になり、文意が通じません。

□ **factor** 名 要素、要因

訳：自分の会社の立地を選ぶ際、いくつか考慮すべき要素がある。

金のルール 34

**動詞問題では、空所に入るのが
述語動詞 (V) か準動詞かを見極める。**

　英語では、「1つの文に1つの V」が基本形 (SV、SVC、SVO、SVOO、SVOC の 5 文型) です。もし、V を追加したければ、接続詞・関係詞・疑問詞のいずれかが必要です。

- 接続詞：Come |and| see us today.
- 関係詞：Mr. Kato is a writer |who| lives in Tokyo.
- 疑問詞：I don't know |where| he lives.

　問題を解く際は、「1つの文に1つの V が基本形」という原則を頭に入れた上で、空所に入るのが述語動詞 (V) か準動詞かをすばやく見極めましょう。

65

65. All visitors must put on safety glasses and
a helmet before ------- the construction zone.

(A) enter
(B) entered
(C) entering
(D) enters

 空所前の before は前置詞です。

 TOEICの世界には、安全規則に従わない人は存在しない。

65. 正解 (C) entering

選択肢に動詞enter（～に入る）の異なるカタチが並んでいます。空所前のbeforeは、節 (SV) を伴う接続詞と、名詞 (のカタマリ) を伴う前置詞の両方の用法があります。ここでは、beforeの後が節ではないので、このbeforeは前置詞です。選択肢中、空所後の名詞the construction zone（工事区域）を目的語にとりつつ、前置詞beforeの目的語になる名詞のカタマリを作るのが、動名詞の(C) enteringです。before entering the construction zoneで、「工事区域に入る前に」という意味です。原形・現在形の(A)、過去形・過去分詞の(B)、3人称単数現在形の(D)は、いずれも前置詞beforeの直後に置くことはできません。～ before <u>they</u> <u>enter</u> the construction zone.のように、主語が必要です。

訳：工事区域に入る前に、訪問者は全員、安全メガネとヘルメットを着用しなければならない。

金のルール 35

動詞問題では、前置詞の目的語には動名詞を選ぶ。

前置詞の直後の空所に動詞を入れる際は、動詞を名詞 (目的語) に変える、つまり動名詞にする必要があります。本試験でも頻出するポイントなので、しっかり頭に入れましょう。

● He is good $\boxed{\text{at}}$ playing tennis.

● I am interested $\boxed{\text{in}}$ learning French.

● Thank you $\boxed{\text{for}}$ coming.

● She is in charge $\boxed{\text{of}}$ hiring new employees.

● $\boxed{\text{After}}$ leaving school, I became a teacher.

66. The laboratory director gave a speech
------- Dr. Marquez's contribution to the
development of antiviral medications.

(A) praise
(B) praised
(C) praising
(D) praises

 空所後の名詞も答えのヒントです。

TOEICの世界では、治療薬の開発やワクチン接種は行われるが、感染症
は発生しない。

66. 正解 (C) praising

選択肢に動詞praise (〜を称賛する、ほめる) の異なるカタチが並んでいます。文のSVを確認すると、The laboratory directorが主語 (S)、gaveが述語動詞 (V) です。すでにVがあるので、空所に入るのは準動詞 (動名詞・分詞・不定詞) です。Vになる原形・現在形の(A)(D)は正解候補から外れ、分詞の(B)(C)が残ります。次に、空所後の、Dr. Marquez's contributionという名詞に注目します。この名詞を目的語にとりつつ、「スピーチ ⇐ Marquez博士の貢献を称賛するような」と、名詞speechを後ろから修飾する形容詞のカタマリを作るのは、能動の意味を表す現在分詞の(C) praisingです。受動の意味を表す過去分詞の(B)は、目的語を伴いません。a highly praised novel (非常に称賛されている小説) のように、通常名詞を前から修飾します。

☐ **contribution** 名 貢献
☐ **antiviral medication** 抗ウイルス薬

訳：その研究所の所長は、抗ウイルス薬の開発に対するMarquez博士の貢献を称賛するスピーチを行った。

金のルール 36

名詞の後ろに分詞を選ぶ際は、空所後の目的語の有無に注目。

名詞を後ろから修飾する分詞を選ぶ際、「する・される」の関係に加えて、空所後の目的語 (名詞) の有無もチェックしましょう。目的語があれば現在分詞、なければ過去分詞を選ぶのが、このタイプの問題を解く際の原則です。

● a woman singing a song (⇨ 目的語がある)
● a song sung by Mr. Children (⇨ 目的語がない)

67. For the proposed energy project, investors will not ------- unless the government provides its support.

(A) commit

(B) committed

(C) commits

(D) committing

 助動詞の後が空所です。

 TOEICの世界には、投資に失敗して無一文になる人は存在しない。

67. 　正解 (A) commit

空所前に助動詞willの否定形will notがあります。助動詞は原形動詞とセットで用いられるので、(A) commit が正解です。commit（全面的に関わる）は、「何かにすべてを捧げる」イメージの動詞です。(B)は過去形・過去分詞、(C)は3人称単数現在形、(D)は現在分詞・動名詞です。主語の人称や時制とは関係なく、助動詞は常に原形動詞とセットです。また、本試験では、「will not actively -------」のように、助動詞と空所の間に副詞を挟んだカタチで出題されることもあります。間に副詞を挟んでも、空所に入るのは原形動詞です。

□ **proposed** 形 提案された　　□ **investor** 名 投資家
□ **unless** 接 ～しない限り　　□ **provide** 動 提供する

訳：そのエネルギープロジェクト案に、投資家は、政府が支援をしない限り、全面的に関わろうとはしないだろう。

金のルール 37

**動詞問題で、原形動詞が正解になる
基本パターンは7つ。**

❶ 助動詞の後：I can do it.

❷ 命令文の文頭：Visit our Web site today.

❸ Please の後：Please call me back.

❹ 不定詞のto の後：I need to buy a car.

❺ 使役動詞の補語の位置：Please let me know.

❻ 依頼・提案等を表す動詞のthat節のV：
　 I ask that you be patient.

❼ 必要性・重要性を表す形容詞のthat節のV：
　 It is necessary that you be there.

68. When Rosa's Cocina opens in September, the first 100 customers ------- a free taco and drink.

(A) received
(B) have received
(C) receive
(D) will receive

 店のオープンはいつの話でしょうか。

TOEICの世界には、ファストフードチェーンは存在するが、居酒屋チェーンは存在しない。

　文全体は、When SV, SV. のカタチです。when 節の中の V を見ると、opens と、3単現の s が付いた現在形です。when のような時を表す接続詞に続く副詞節 (副詞のカタマリを作る SV のこと) の中では、未来のことも現在形で表すというルールがあります。つまり、V が現在形なので、Rosa's Cocina が開店するのは未来の話です。したがって、空所には、未来を表す形の述語動詞 (D) will receive が入ります。過去形の (A)、現在完了形の (B)、現在形の (C) は時制が合いません。もし、when 節の V が opened と過去形なら、開店したのは過去のことなので、空所にも過去形の (A) received が入ります。

訳：Rosa's Cocina が9月にオープンする際、最初の100名のお客様は、無料のタコスとドリンクを受け取ります。

金のルール 38

**時や条件を表す副詞節では、
未来のことも現在形で表す。**

　このルールに基づいて、主節 (接続詞が付いていない方の節) の述語動詞に未来を表す形を選ぶ時制問題も出ます。Part 5 で狙われるのは、以下の接続詞です。

　時：when, before, after, as soon as, until, by the time
　条件：if, unless

● I'll meet you at the station [when] you arrive.
● I'll stop by your office [before] I leave.
● I'll wait [until] you return.
● I'll e-mail you [as soon as] I get back to the office.
● [If] it rains tomorrow, the event will be canceled.

69. Dr. Evans requested that the walls -------
light blue so patients will feel calm in the
lobby.

(A) must paint
(B) be painted
(C) painting
(D) paint

 壁と動詞paintとの間の関係は？

TOEICの世界では、「先生の都合が悪くなったので、アポを変更してほ
しい」というクリニックからの電話はお約束。

　文全体は、S requested that SV so (that) SV. のカタチです。前半部分の requested に続く that 節 (SV) の中は、the walls が S で、空所が V です。選択肢中、現在分詞・動名詞の (C) を除く (A)(B)(D) が V になるカタチです。次に、「態」の視点で見ると、the walls と動詞 paint との間には、「壁が paint される」という受動の関係があるので、「be 動詞＋過去分詞」の受動態 (B) be painted が正解です。(A)(D) は能動態です。動詞 request (〜を依頼する) は、request that SV のカタチでは、that 節中の述語動詞が原形になる、というルールがあります。このため、ここでも be painted という原形が使われています。わかりづらければ、<u>should</u> be painted と、助動詞 should を補って考えましょう。

□ **so (that)** 接 〜するために、〜できるように
□ **calm** 形 落ち着いた

訳：Evans 医師は、患者がロビーで落ち着いた気持になるよう、壁をライトブルーで塗るよう依頼した。

金のルール 39

依頼・提案等を表す動詞の that 節では V が原形になる。

　依頼・提案・要望等を表す動詞に続く that 節中で述べられるのは、「こうあるべきだ」という理想形です。そこには命令文のような意味合いがあるため、動詞が原形になります。このカタチになる動詞として、以下を頭に入れましょう。

● 提案：propose/suggest (提案する)、recommend (薦める)
● 依頼・要望：ask (求める)、request (依頼する)、
　　　　　　　prefer (〜の方を好む)
● 要求：insist (要求する)、require (必要とする)

70. The machinery installation was very fast, and the follow-up service ------- to be exceptional so far.

(A) has proven
(B) will prove
(C) had proven
(D) must prove

💡 「時のキーワード」がどこかにあります。

 TOEIC の世界には、作業に毎日遅刻したり、道具を片付けないで帰ったりする業者が存在するが、客は決して激怒しない。

70.

　文全体は、SV, and SV. のカタチです。and の後の節を見ると、the follow-up service が主語 (S) で、空所が述語動詞 (V) です。選択肢はすべて V になるカタチで、主述が一致し、能動態です。つまり、「主述の一致」「態」の観点で解くことはできません。そこで、「時制」がポイントではないかと考え、「時のキーワード」を探すと、文末に so far が見つかります。so far は until now（今までのところ）の意味で、過去から現在までの継続を表す現在完了形のキーワードです。したがって、(A) has proven が正解です。prove to be は「～だとわかる、判明する」という意味です。未来を表す形の (B)、過去のある時点より前の完了や継続を表す過去完了形の (C)、「～だとわからなければならない」という意味を表す (D) は、時制が合わず、文意が通りません。

☐ **machinery** 名 機械類　　☐ **installation** 名 設置
☐ **follow-up** 形 その後の
☐ **exceptional** 形 並外れた、素晴らしい

訳：機械の設置はとても速く、その後のサービスもこれまでのところ、素晴らしいことがわかった。

金のルール 40

押さえておきたい現在完了形のキーワード。

　現在完了形のキーワードとして、so far 以外に、for/over the past X（過去 X にわたって）と since（～以来、～して以来）も重要です。

● **For/Over the past** ten years, I <u>have worked</u> as a writer.
● I <u>have been</u> busy **since** last week.
● The store <u>has been</u> busy **since** it opened last week.

◀71

71. Windle Corp ------- its hiring policy before
the government announced it would be
changing the labor standards act.

(A) was revised
(B) is revising
(C) had revised
(D) will revise

 TOEICの世界では、採用規定でハイスペックが求められることが多い
が、TOEICの点数は求められない。

71. 正解 (C) had revised

選択肢に動詞revise（〜を見直す、修正する）の異なるカタチが並んでいます。文全体は、SV before SV.のカタチです。前半の節は、Windle Corpが主語 (S) で、空所が述語動詞 (V)、空所後の its hiring policy が目的語 (O) です。空所後にOがあるので、空所に入るのは能動態です。受動態の(A)は正解候補から外れます。次に、「時のキーワード」を探して読み進めると、before the government announced 〜 . とあり、Windle 社が採用規定を修正したのは、政府が発表を行った過去の時点よりさらに前だとわかります。こうした過去のある時点より前の完了を表す時制が、「had＋過去分詞」の過去完了形(C) had revised です。(B)は現在進行形、(D)は未来を表す形です。なお、この問題文のように、時の前後関係が明らかな場合、過去完了形の代わりに過去形を用いることもできるので、(A)は revised という能動態なら正解です。

☐ **hiring policy** 採用規定　　☐ **labor standards act** 労働基準法

訳：政府が労働基準法を変更すると発表する以前に、Windle 社は採用規定を修正していた。

金のルール 41

過去完了形は、過去形とセット。

過去完了形は、「過去のある時点で、もうすでに〜していた」という意味を表します。現在完了形では、時の基準は現時点ですが、それが過去のある時点にスライドしたイメージです (P118のイラスト参照)。Part 5で過去完了形は、原則として、過去形や過去の時点を示す語句とセットで出題されます。「過去完了形は過去よりさらに前」「過去完了形は過去形とセット」と頭に入れましょう。

72. Executives at the two companies, -------
an agreement, will form a joint venture to
develop an electric vehicle battery.

(A) have reached
(B) to be reached
(C) reached
(D) having reached

 カンマで挟まれた部分は補足情報です。

TOEIC の世界では、合弁会社を作る際、権力争いは決して起きない。

選択肢に動詞reach（〜に達する）の異なるカタチが並んでいます。文全体のSVを確認すると、文頭のExecutivesが主語 (S)、カンマに挟まれた部分は修飾語で、will formが述語動詞 (V) です。すでにVがあるので、空所に入るのは準動詞です。現在完了形の(A)と過去形の(C)はVになるカタチなので、正解候補から外れます。残る(B)(D)のうち、空所後に目的語の名詞an agreementがあるので、能動態の(D) having reachedが正解です。不定詞の(B)は受動態なので、目的語を伴いません。この「having＋過去分詞」のカタチは、完了分詞構文と呼ばれ、分詞が表す出来事が、述語動詞より前であることをはっきり示す用法です。ここでも、「合意に達したので→合弁会社を結成することになった」と、時の前後関係を明示しています。なお、分詞構文では、分詞が作る副詞のカタマリは、文頭、文中、文末のいずれの位置にも来ます。合わせて頭に入れましょう。

□ **joint venture** 合弁会社　　□ **electric vehicle** 電気自動車

訳：その２社の役員は、合意に達したので、電気自動車用の電池を開発するため合弁会社を結成する予定だ。

金のルール 42

覚えておきたい現在分詞の３つの用法。

現在分詞には、以下の３つの用法があります。

- 進行形：The woman is <u>reading</u> a book.
  ※現在分詞がVになるには、必ずbe動詞が必要です。
- 形容詞：Amazon is a <u>growing</u> company.
- 副詞（分詞構文）：<u>Seeing</u> me, Tex ran away.

73

73. ------- within a short walking distance of the downtown area, the apartment is close to numerous shopping and dining options.

(A) Location
(B) Located
(C) Locating
(D) Locate

 主語を空所の前に移して考えましょう。

 TOEICの世界には、アパートの事故物件は存在しない。

73. 正解 (B) Located

　文頭からカンマまでが副詞のカタマリで、カンマ後が節 (SV) です。こうした副詞のカタマリを作ることができるのが分詞で、分詞構文と呼ばれるカタチです。分詞構文では、文の主語と分詞との間にSVの関係があります。能動の関係があれば現在分詞、受動の関係があれば過去分詞を用いるのが原則です。ここでは、文の主語the apartmentと分詞との間に、The apartment is <u>located</u> within〜（そのアパートは〜の範囲内に位置している）という受動の関係があるので、過去分詞の(B) Locatedが正解です。能動の関係を表す現在分詞の(C)は意味が通じません。(A)「場所」は名詞、(D)「〜を見つける、〜の場所を特定する」は動詞の原形・現在形です。

□ **within a short walking distance** 徒歩ですぐ行ける範囲内
□ **numerous** 形 多数の

訳：中心地から徒歩すぐの圏内にあり、そのアパートは、多数のショッピングや食事の選択肢に近い。

金のルール 43

分詞構文では、主語と分詞との間にSVの関係がある。

　Part 5の選択肢に分詞が並び、文頭が空所なら、分詞構文の可能性を意識しましょう。文の主語と分詞との間に能動の関係があれば現在分詞、受動の関係があれば過去分詞を選ぶのが原則です。

● <u>Seeing</u> me, Tex ran away.
　⇨ Tex saw me. という能動の関係

● <u>Seen</u> from the sky, the stadium looks like a big egg.
　⇨ The stadium is seen from the sky. という受動の関係

74. When ------- of waste materials and
recyclables, make sure you place the items
in the correct bins.

(A) dispose
(B) disposed
(C) disposing
(D) disposes

 when の直後に入る動詞のカタチは？

 TOEICの世界には、ごみを不法投棄する人は存在しない。

74. 正解 (C) disposing

選択肢に動詞dispose（処分する）の異なるカタチが並んでいます。文頭の接続詞whenの後には節（SV）が続くはずですが、主語がありません。これは、whenがつなぐ2つの節の主語が同じ場合、直後の「主語＋be動詞」をまとめて省略できるためです。そこで、カンマ後の命令文の意味上の主語であるyouを、When (you are) ------- ofのカタチに戻すと、空所に入るのは、能動の意味を表す現在分詞の(C) disposingだとわかります（接続詞の直後に分詞が置かれるこのカタチは、分詞構文の意味をわかりやすくするため、接続詞を加えたカタチと考えることもできます）。(B)を過去分詞と考え空所に入れると、「あなたが処分される」という受動の意味を表し、文意が通じません。原形・現在形の(A)、3人称単数現在形の(D)は、接続詞whenの直後に置けません。

□ **waste material** 廃棄物　　□ **recyclable** 名 再利用可能な物
□ **correct** 形 正しい　　□ **bin** 名 容器

訳：廃棄物や再利用可能な物を処分する際は、必ず正しい容器に入れてください。

金のルール 44

動詞問題では、when / while の直後には分詞を選ぶ。

when / while / if / although / once といった接続詞は、直後に節（SV）を伴う場合と、分詞を伴う場合とがあります。特に、whenとwhileは分詞を伴うカタチで頻出します。注意点として、whenやwhileの直後の主語だけを省略し、直後にVを置くことはできません。when / while の直後が空所の動詞問題では、主語と分詞との間に能動の関係があれば現在分詞、受動の関係があれば過去分詞を選びましょう。

75. During Thursday's meeting, city officials decided to have the old railroad buildings -------.

(A) demolish

(B) demolishing

(C) demolishes

(D) demolished

💡 動詞haveの語法がポイントです。

 TOEICの世界には、鉄道は存在するが、「乗り鉄」や「撮り鉄」は存在しない。

選択肢に動詞demolish (〜を取り壊す) の異なるカタチが並んでいます。文のSVを確認すると、city officialsが主語 (S)、decidedが述語動詞 (V) です。続く不定詞toの後の動詞haveには、「have O 原形動詞 (Oに〜させる)/過去分詞 (Oを〜してもらう)」の使役と呼ばれる用法があります。このカタチでは、「Oが〜する」という能動の関係があれば原形動詞、「Oが〜される」という受動の関係があれば過去分詞がOの後に置かれます。ここでは、the old railroad buildingsと動詞demolishとの間には、「取り壊される」という受動の関係があるので、過去分詞の (D) demolishedが正解です。能動の意味を表す原形動詞の (A) は意味が通じず、demolishは他動詞なので、能動態なら目的語が必要です。(B) は現在分詞・動名詞、(C) は動詞の3人称単数現在形です。なお、「have O 現在分詞」のカタチで、「Oに〜させておく」という意味を表す用法もありますが、その場合も、「Oが〜している」という能動の関係があります。

□ **city official** 市幹部

訳：木曜日の会議中、市幹部は、その鉄道の古い建物を取り壊してもらうことに決めた。

金のルール 45

Part 5で狙われるhaveとletの使役の用法。

have O 原形動詞/過去分詞 (Oに〜させる、Oを〜してもらう)

● We had the students <u>work</u> on the project.
● I had my car <u>repaired</u>.

let O 原形動詞 (Oに〜させる)

● Let me <u>check</u>. / I'll let you <u>know</u>.

◀ 76

76. Had the deal gone through, the combined company ------- one of the nation's largest exporters of agricultural products.

(A) will be becoming
(B) is becoming
(C) would have become
(D) has become

 文頭にHadがあるのはなぜでしょうか？

 TOEICの世界では、合併後の会社はたいてい成功する。

76. 正解 (C) would have become

　文頭の Had the deal gone through は、If the deal had gone through の If が省略され、had が文頭に出た倒置形です。if節のVが「had + 過去分詞」の過去完了形になっているこのカタチは、「もし、あの時〜だったら（実際はそうではなかったが）」という過去の状況に対する願望・仮定を表す「仮定法過去完了」と呼ばれる用法です。仮定法過去完了では、主節 (if が付いていない方の節) のVが、「助動詞の過去形 (would/could/might等) + have + 過去分詞」のカタチになるというルールがあるので、(C) would have become が正解です。「もしあの時、取引が成立していたなら、〜になっていただろう（実際はそうならなかったが）」という意味です。仮定法過去完了は何度か出題例があるので、カタチを頭に入れましょう。

□ **go through** （取引等が）成立する
□ **combined company** 合併会社　　□ **exporter** 名 輸出業者

訳：もし取引が成立していたら、その合併会社は、農業用製品の、国で最大の輸出会社の1つになっていただろう。

金のルール 46

頭に入れておきたい仮定法の公式。

仮定法過去 （現在の状況に対する願望・仮定）
if節のVが**過去形**で、主節のVが「**助動詞の過去形 + 原形動詞**」

● If I <u>were</u> you, I <u>wouldn't do</u> it. （もし私があなたなら）

仮定法過去完了 （過去の状況に対する願望・仮定）
if節のVが**過去完了形**で、主節のVが「**助動詞の過去形 + have + 過去分詞**」

● If you <u>had studied</u> harder, you <u>could have passed</u> the exam. （もし、あの時あなたがもっと一生懸命勉強していたら）

◀ 77

77. The presentation ------- by Ms. Batista on password protection and encryption lasted about 75 minutes.

(A) given
(B) was given
(C) has given
(D) gave

◀ 78

78. Ms. O'Connell received a confirmation e-mail from the prospective employer immediately after ------- her job application.

(A) submit
(B) submitting
(C) submits
(D) submitted

77. 正解 (A) given　　　金のルール31

　文のSVを確認すると、主語がThe presentationで、文後半のlasted (続いた) が過去形の述語動詞です。つまり、空所には、述語動詞ではない準動詞が入るので、過去分詞の(A) givenが正解です。The presentation given by Ms. Batista on X and Y (プレゼン⇦XとYに関してBatistaさんが行った) と、given以降は主語を説明する形容詞のカタマリです。過去形の受動態の(B)、現在完了形の(C)、過去形の(D)は述語動詞になるカタチです。空所で目を止めて(B)を選ばないよう、動詞問題ではしっかり文全体のSVを確認しましょう。

□ **encryption** 名 暗号化　　□ **last** 動 続く

訳：パスワード保護と暗号化に関してBatistaさんが行ったプレゼンは、約75分続いた。

78. 正解 (B) submitting　　　金のルール35

　空所前のafterは、接続詞の場合は節 (SV)、前置詞の場合は名詞 (のカタマリ) を伴います。ここでは、空所以降が節ではないので、このafterは前置詞です。前置詞の直後に動詞を入れる際は、目的語になる動名詞に変えるのが原則ですから、動詞submit (〜を提出する) の動名詞(B) submittingが正解です。submitting her job applicationという名詞のカタマリが、前置詞afterの目的語として機能しています。原形・現在形の(A)、3人称単数現在形の(C)、過去形・過去分詞の(D)は、afterの直後に置くことはできません。after同様、beforeも、節または名詞 (のカタマリ) を伴います。合わせて頭に入れましょう。

□ **prospective** 形 見込みのある、将来の
□ **employer** 名 雇用主　　□ **immediately** 副 ただちに

訳：仕事の応募書類を提出した後すぐに、O'Connellさんは、将来の雇用主から確認メールを受け取った。

79. ------- the work week of our sales representatives will allow for a better work-life balance.

(A) Shorten
(B) Shortening
(C) Shortness
(D) Shortened

80. The program director congratulated Ms. Kaufman on being ------- as the new host of the morning show.

(A) choose
(B) choosing
(C) choses
(D) chosen

79. 正解 (B) Shortening　🚄　金のルール 34

　文のSVを確認すると、空所からrepresentativesまでが主語のカタマリで、will allowが述語動詞です。空所後の名詞 the work week（週の労働時間）を目的語にとりつつ、主語になる名詞のカタマリを作るのが、動名詞の (B) Shortening（短くすること）です。原形動詞の(A)「短くする」は、命令文の文頭に置くことは可能ですが、ここではすでに述語動詞があるので空所には入れられません。名詞の(C)「不足」は、shortness of breath（息切れ）のように、前置詞ofがないと名詞をつなげられません。(D)は動詞の過去形・過去分詞です。

□ **sales representative**　営業担当者
□ **allow for**　〜を可能にする

訳：当社の営業担当者の週の労働時間を短縮することは、ワークライフバランスの改善を可能にするだろう。

80. 正解 (D) chosen　🚄　金のルール 32

　空所前のbeingは、前置詞onの目的語の動名詞です。このbeingの後に置き、「〜されること」という受動の意味を表すのが、過去分詞の (D) chosenです。ここでは、congratulate Ms. Kaufman on being chosen as Xで、「KaufmanさんがXに選ばれたことを祝う」という意味です。原形・現在形の(A)、現在分詞・動名詞の(B)、3人称単数現在形の(C)は、いずれも beingの直後に置くことはできません。beingは、動名詞以外に、現在分詞として、A car is being washed.（車が洗われているところだ）のような進行形でも頻出します。「beingの直後は過去分詞」と頭に入れましょう。

□ **host**　名　司会者

訳：番組ディレクターは、Kaufmanさんが朝の番組の新司会者として選ばれたことを祝った。

81. An analysis of the sales report for July -------
management's belief that sales will continue
to pick up.

(A) was reinforced
(B) reinforce
(C) reinforcing
(D) has reinforced

82. Earlier this year, Alkem Logistics ------- for
the Best Workplace Environment award.

(A) was nominated
(B) is nominating
(C) nominates
(D) nominated

81. 正解 (D) has reinforced ━━ 金のルール 31 ━━

An analysis が主語 (S)、空所が述語動詞 (V) で、manage-ment's belief が目的語 (O) です (接続詞 that 以降は、belief の内容を説明する同格節)。空所には V が入るので、現在分詞・動名詞の (C) を除く (A)(B)(D) が正解候補です。まず、主語が 3 人称単数なので、3 単現の s がない (B) は主述が一致しません。残る (A)(D) を見ると、(A) が受動態で、(D) が能動態です。空所後に目的語があるので、能動態の現在完了形 (D) has reinforced (強固にした) が正解です。(A) は、過去形の受動態で、目的語を伴いません。

□ **analysis** 名 分析　　□ **pick up** 上向く、改善する

訳：7月の販売報告書の分析で、売り上げが継続的に上向くだろうという経営陣の確信がより強固なものになった。

82. 正解 (A) was nominated ━━ 金のルール 32 ━━

Alkem Logistics が主語で、空所には述語動詞が必要です。まず、文頭の Earlier this year (今年の今より早い時期) は、過去の時点を示すキーワードなので、過去形の (A)(D) が正解候補です。現在進行形の (B)、現在形の (C) は正解候補から外れます。次に、他動詞 nominate (〜をノミネートする、候補に挙げる) の目的語が空所後にないので、受動態の (A) was nominated (ノミネートされた) が正解です。主語の会社は賞にノミネートされる側なので、文意も通じます。能動態の (D) は、They <u>nominated</u> Alkem Logistics for the award. のように、目的語が必要です。

□ **award** 名 賞

訳：今年、Alkem Logistics は、最優秀職場環境賞にノミネートされた。

83. For the past decade, Somersol Industries
------- to reduce carbon emissions from its
factories.

(A) has been striving
(B) is striving
(C) striving
(D) will strive

84. Revenues for the e-commerce company
were up 54 percent, with book sales -------
for 24 percent of the total.

(A) accounts
(B) accounting
(C) accounted
(D) account

83. 正解 (A) has been striving　　　金のルール40

文頭の For the past X (過去Xにわたって) は、過去から現在までの継続期間を表し、動詞問題で、現在完了形を正解として選ぶキーワードです。したがって、現在完了進行形の(A) has been striving (努力し続けている) が正解です。現在進行形の(B)と、未来を表す形の(D)は時制が合いません。(C)は、述語動詞にならない現在分詞・動名詞です。現在完了時制のキーワードとして、over the past X (過去Xにわたって) と、so far (今までのところ) も合わせて押さえましょう。

□ **decade** 名 10 年　　□ **reduce** 動 減らす
□ **carbon emission** 二酸化炭素の排出

訳：過去10年間にわたって、Somersol Industriesは、自社工場からの二酸化炭素の排出を減らすために努力し続けている。

84. 正解 (B) accounting　　　金のルール43

空所前の前置詞withは、「with O 分詞」のカタチで、「O が〜した・された状態で」という同時状況を表します (付帯状況のwithと呼ばれる分詞構文の一種)。Oと分詞との間に、「する」という能動の関係があれば現在分詞、「される」という受動の関係があれば過去分詞が置かれます。account for X は「Xの割合を占める」という意味です。ここでは、book sales <u>account for</u> 24 percent of the total (本の売り上げが総額の24%を占める) という能動の関係があるので、現在分詞の(B) accounting が正解です。account forはこの意味では受動態にならないので、過去分詞の(C)は空所に入れられません。(A)(D)は、動詞または「アカウント、口座」という名詞です。

□ **revenue** 名 (会社の) 収入

訳：そのインターネット販売の会社の収入は54%増え、本の売り上げが総額の24%を占めている。

85. The design team created twelve cardboard boxes ------- properly for each of the new action figures.

(A) sizing
(B) having sized
(C) to size
(D) that are sized

86. Chen Media will release its third-quarter financial results sooner than previously -------.

(A) announced
(B) announce
(C) announces
(D) announcing

85. 正解 (D) that are sized　　　　　金のルール32

　文頭から空所前が文の要素がそろった節 (SV) で、空所以降は補足説明です。選択肢はいずれも形容詞や副詞のカタマリを作る機能を持ち、答えが絞りづらいので、「態」に視点を切り替えます。空所前のboxes (箱) は特定のサイズで「作られる」側なので、受動態の (D) that are sized (〜サイズで作られている) が正解です (thatは形容詞のカタマリを作る主格の関係代名詞)。他動詞size (〜サイズで作る) の目的語の名詞が空所後にないことも、受動態を選ぶ根拠になります。(A)(B)(C)はいずれも能動態で、目的語が必要です。

□ **cardboard box** 段ボール箱　　□ **properly** 副 適切に

訳：デザインチームは、1つ1つの新しいアクションフィギュアに適切にサイズを合わせた12個の段ボール箱を作った。

86. 正解 (A) announced　　　　　金のルール32

　接続詞thanの後が空所になった動詞問題です。空所に過去分詞の (A) announcedを入れると、「以前発表されたより早く」という受動の意味を表し文意が通ります。「〜 than (they were) previously announced (to be released).」が省略されたカタチと考えられますが、「than 過去分詞」のカタチで、「〜されたより」とシンプルに押さえましょう。Part 5で狙われる表現として、than expected/planned/predicted/scheduled (期待・計画・予想・予定より) と、as announced/expected/planned/predicted/scheduled (発表・期待・計画・予想・予定通り) も合わせて押さえましょう。

□ **release** 動 公表する　　□ **third-quarter** 形 第3四半期の
□ **financial results** 決算　　□ **previously** 副 以前

訳：Chen Mediaは、第3四半期の決算を、以前発表したより早く公表する予定だ。

87. By the time the tourism season begins, the contractor ------- construction of a second terminal at Nowak Airport.

(A) will have completed
(B) are completing
(C) has been completing
(D) had completed

88. When -------, over half of the shoppers indicated that they are familiar with the Accelestar brand of sports drinks.

(A) survey
(B) surveys
(C) surveying
(D) surveyed

87. 正解 (A) will have completed 　金のルール38

　接続詞 by the time に続く節 (SV) の述語動詞が現在形 begins です。時を表す接続詞に続く副詞節では、未来のことも現在形で表すというルールがあるので、観光シーズンが始まるのは未来の時点です。こうした未来の時点までの完了・継続を表す時制が、未来完了形の (A) will have completed (完了しているだろう) です。現在進行形の (B)、現在完了進行形の (C)、過去完了形の (D) はいずれも時制が合いません。未来完了形はときどき出題されるので、カタチ (will have 過去分詞) と用法を頭に入れておきましょう。

□ **tourism** 名 観光業　　□ **contractor** 名 請負業者、契約業者

訳：観光シーズンが始まるまでには、その請負業者は、Nowak 空港での2つ目のターミナルの建設を完了しているだろう。

88. 正解 (D) surveyed 　金のルール44

　when の直後が空所の動詞問題では、空所に入るのは分詞です。主語と分詞との間に、「する」という能動の関係があれば現在分詞、「される」という受動の関係があれば過去分詞を選ぶのが基本です。ここでは、主語 over half of the shoppers と動詞 survey (〜にアンケート調査を行う) との間には、the shoppers were surveyed という受動の関係があるので、過去分詞の (D) surveyed が正解です。現在分詞の (C) は意味が通じず、survey は他動詞なので目的語が必要です (空所後に目的語の名詞がないことも過去分詞を選ぶヒントになります)。(A) は、動詞の原形・現在形か「アンケート調査」という名詞、(B) は、動詞の3人称単数現在形か名詞の複数形です。

□ **be familiar with** 〜をよく知っている

訳：アンケート調査を受けた際、買い物客の半数以上が、Accelestar ブランドのスポーツドリンクをよく知っていることを示した。

第3章

「前置詞 or 接続詞」問題

「文のカタチ」と
「意味のつながり」
に注目！

解き方の基本

　Part 5で、毎回3～5問程度出題されるのが、選択肢に、前置詞・接続詞・副詞が並んでいる「前置詞or接続詞」問題です。このタイプの問題は、次の2つのステップで解くのが基本です。

1. 文のカタチをチェックする

　空所後に続くのが名詞 (のカタマリ) なら前置詞、節 (SV) なら接続詞、空所が修飾語なら副詞を選ぶのが基本です。

2. 意味のつながりを考える

　正解候補の品詞が選択肢に複数あれば、意味を考え、前後の文脈が最も自然につながる答えを選びます。

　では、例題でポイントを確認しましょう。

89. The food at the Bluewater Café is both wholesome and tasty, ------- the service is rather slow.

(A) also

(B) or

(C) but

(D) through

解き方の手順

① 選択肢をチェック

　選択肢を見ると、それぞれの品詞は以下の通りです。

(A) also　　　副詞
(B) or　　　　接続詞
(C) but　　　接続詞
(D) through　前置詞

　この選択肢の並びから、「前置詞or接続詞」問題だと判断
します。

② 文のカタチをチェック

　文頭からカンマまでと空所後が共に、主語 (S) と述語動詞
(V) を含む節 (SV) です。

The food at the Bluewater Café is both wholesome
　S　　　　　　　　　　　　　 V
and tasty, ------- the service is rather slow.
　　　　　　　　　　 S　　　 V

　2つの節 (SV) をつなげるのは、接続詞です。したがって、
選択肢中、(B)(C)が正解候補として残り、接続機能を持た
ない副詞の(A)「また」と、節 (SV) を伴わない前置詞の(D)
「〜を通して」は正解候補から外れます。

③ 意味のつながりをチェック

　接続詞が2つ残ったので、意味のつながりを考えます。文
頭からカンマまでの節は、「Bluewater Caféの食事は健康に
良くて美味しい」、空所後の節は、「サービスはかなり遅い」
です。こうした「プラスとマイナス」の情報をうまくつなげら
れるのは、(C) but (しかし、だが) です。話の流れを想定と逆
方向につなぐので、「逆接」の接続詞と呼ばれます。(B) orは、
2つの節をつなぐ場合、「さもなければ」という意味を表すの
で、ここでは文意が通じません。

□ **wholesome** 形 健康に良い 　　□ **tasty** 形 美味しい
□ **rather** 副 かなり

訳：Bluewater Caféの食事は健康に良くて美味しいが、サービスはか
　　なり遅い。

金のルール 47

「前置詞 or 接続詞」問題は、
「文のカタチ」「意味のつながり」を考える。

　選択肢を見てこのタイプの問題だと判断したら、「文のカ
タチ」と「意味のつながり」の2点を意識しましょう。名詞
(のカタマリ) を伴い形容詞や副詞のカタマリを作るのが前置
詞、2つの節 (SV) をつなぐのが接続詞、接続機能を持たない
修飾語が副詞です。文のカタチから正解候補の品詞を絞り込
み、複数の選択肢が残ったら、意味がうまくつながる答えを
選ぶのが、このタイプの問題の解き方の基本です。

前置詞・接続詞・副詞の違い

　ここで、前置詞・接続詞・副詞の働きの違いを確認してお
きましょう。

① 前置詞：直後に名詞 (のカタマリ) が続く。

　前置詞は名詞 (のカタマリ) を伴い、形容詞や副詞のカタ
マリを作ります。原則として、前置詞の後に節 (SV) は続き
ません。

$\boxed{\text{During}}$ the summer, I studied hard.

I studied hard $\boxed{\text{during}}$ the summer.

× $\boxed{\text{During}}$ it was summer, I studied hard.

※前置詞duringの後に節 (SV) は来ない。

② 接続詞：直後に節 (SV) が続く。

becauseやwhen、ifのような接続詞の後には節 (SV) が続くのが原則です。名詞 (のカタマリ) だけが来ることはありません。

$\boxed{\text{Because}}$ it was raining, I stayed home.

I stayed home $\boxed{\text{because}}$ it was raining.

× $\boxed{\text{Because}}$ the rain, I stayed home.

※接続詞becauseの後に名詞 (のカタマリ) だけは来ない。

※厳密には、接続詞には、等位接続詞と従位接続詞の2種類があります。等位接続詞というのは、and、or、butといった接続詞で、節 (SV) 以外に、文法的に同じ役割をする語句もつなぐことができます。したがって、こうした接続詞は、名詞をつなぐこともあります。

例：Tex $\boxed{\text{and}}$ Masaya are friends.

一方で、becauseやwhen、ifといった接続詞は従位接続詞と呼ばれ、2つの節 (SV) をつなぎます。名詞 (のカタマリ) だけが後に続くことはありません。

③ 副詞：接続機能がない。

副詞は文の飾りで、つなぎの機能は持ちません。文の中のさまざまな位置に入り、名詞以外を修飾します。「前置

詞or接続詞」問題で副詞が正解になるのは、空所が修飾語の場合だけです。特に注意したいのが、however（しかしながら）やtherefore（したがって）といった副詞です。「接続副詞」と呼ばれたりするのでまぎらわしいのですが、これらの単語は副詞です。以下のように、2つの文の話の流れを意味的につなぐだけで、文法的な接続機能はありません。

○ Tex is poor. | However |, he is happy.
（Texは貧しい。しかしながら、彼はハッピーだ）

○ Tex won. | Therefore |, he is happy.
（Texは勝った。したがって、彼はハッピーだ）

接続機能がないので、こうした副詞は、カンマだけで節をつなぐことはできません。

× Tex is poor, however he is happy.

× Tex won, therefore he is happy.

2つの節（SV）をつなぐには接続詞が必要です。

○ Tex is poor, | but | he is happy.

○ Tex won, | so | he is happy.

なお、Part 5では、1つの文の中に空所があるので、こうした接続副詞が正解になる可能性は低いのですが、Part 6では、正しく前後の文脈をつなぐ接続副詞を選ぶ問題は定番です。

また、当然のことですが、「前置詞or接続詞」問題は、選択肢の単語の品詞や意味がわからないと解けません。TOEICに出る主な前置詞、接続詞、接続副詞のリストを次ページ以降にまとめましたので、頭に入れましょう。

❖ よく出題される意味の似た前置詞と接続詞

前置詞	意味	接続詞	意味
□ during	〜の間	□ while	〜する間、〜する一方で
□ because of □ due to □ owing to □ on account of	〜が理由で	□ because □ since □ as	〜なので
□ despite □ in spite of □ notwithstanding	〜にもかかわらず	□ although □ though □ even though	〜だが

❖ 前置詞と接続詞の両方で使われる単語

単語	前置詞	接続詞
□ before	〜の前に	〜する前に
□ after	〜の後に	〜した後に
□ until	〜までずっと	〜するまでずっと
□ as	〜として	〜なので、〜するとき、〜するにつれて
□ since	〜以来	〜なので 〜して以来

❖ 押さえておきたい主な接続詞

□ when	〜するとき
□ while	〜する間、〜する一方で
□ if	もし〜なら、〜かどうか
□ as	〜なので、〜するとき、〜するにつれて
□ unless	〜しない限り

☐ **because**	〜なので
☐ **as soon as**	〜するとすぐに
☐ **once**	〜するとすぐに
☐ **although**	〜だが
☐ **though**	〜だが
☐ **even though**	〜だが
☐ **whether**	〜であろうと、〜かどうか
☐ **whenever**	〜するときはいつでも
☐ **whereas**	〜であるのに対して
☐ **even if**	たとえ〜でも
☐ **in case**	〜した場合に備えて
☐ **as far as**	〜する範囲では
☐ **as long as**	〜する限り
☐ **now that**	今は〜なので
☐ **so that**	〜するために、〜できるように
☐ **in order that**	〜するために、〜できるように
☐ **provided that**	〜するという条件で
☐ **given that**	〜を考慮すると
☐ **in the event that**	〜した場合

✖ 押さえておきたい主な接続副詞

□ **therefore**	したがって
□ **however**	しかしながら
□ **nevertheless**	それにもかかわらず
□ **moreover**	その上
□ **further**	さらに
□ **in addition**	加えて
□ **thus**	結果として
□ **as a result**	結果として
□ **meanwhile**	その間
□ **in contrast**	対照的に
□ **in fact**	実際
□ **otherwise**	さもなければ
□ **instead**	その代わり
□ **rather**	むしろ

─── 「前置詞 or 接続詞」問題のまとめ ───

「前置詞 or 接続詞」問題は、「文のカタチ」と「意味のつながり」の2点を意識するのがポイントです。文のカタチで正解候補の品詞を絞り込み、複数の選択肢が残ったら、意味がうまくつながる答えを選ぶのが、このタイプの問題の解き方の基本です。

では、練習問題を解きながら、解き方のコツをつかみましょう。

◀ 90

90. The Lobster Hut is currently offering discounts on meals ------- off-peak hours at its three locations.

(A) while
(B) otherwise
(C) during
(D) afterward

 意味がポイントではありません。

 TOEICの世界では、割引やクーポン、返金が乱発される。

90. 正解 (C) during

選択肢の並びから、「前置詞 or 接続詞」問題と判断し、文のカタチを見ます。文頭から空所前が節 (The Lobster Hut が S、is offering が V) で、空所後は、off-peak hours という名詞のカタマリです (V がないので節ではありません)。空所後の名詞のカタマリと結びつくのは前置詞なので、(C) during (〜の間) が正解です。ここでは、during off-peak hours (ピーク時ではない時間帯に) という副詞のカタマリが、述語動詞 is offering を修飾し、割引が提供されている時間帯を具体的に示しています。(A)「〜する間、〜する一方で」は、節 (SV) を伴う接続詞です。during と while の品詞の違いをしっかり頭に入れましょう。(B)「さもなければ」と (D)「その後で」は接続機能がない副詞です。

□ **off-peak hours** ピーク時ではない時間帯、混雑していない時間帯

訳：Lobster Hut は、現在、3 店舗でピーク時ではない時間帯に食事の割引を提供している。

金のルール 48

while は接続詞、during は前置詞。

while (〜する間、〜する一方で) と during (〜の間) の文法的な違いは Part 5 で狙われるので、しっかり頭に入れましょう。

while：節 (SV) が続く接続詞

● I hope to visit Kyoto │while│ I am in Japan.

during：名詞 (のカタマリ) が続く前置詞

● I hope to visit Kyoto │during│ my stay in Japan.

91. ------- many challenges facing the financial
sector, it will probably remain stable for the
foreseeable future.

(A) Although
(B) Meanwhile
(C) However
(D) Despite

 空所後は節ではありません。

 TOEICの世界には、困難に負けて仕事を投げ出す人は存在しない。

91. 正解 (D) Despite

　選択肢の並びから、「前置詞 or 接続詞」問題と判断し、文のカタチを見ます。空所後からカンマまでは、名詞のカタマリです (V がないので、節ではありません)。空所後の名詞のカタマリと結びつき、カンマ後の節 (SV) に補足情報を加える副詞のカタマリを作るのは前置詞です。選択肢中、前置詞は、(D) Despite (～にもかかわらず) です。(A)「～だが」は節 (SV) を伴う接続詞です。(B)「その間」と (C)「しかしながら」は、接続機能のない副詞です。

□ **challenge** 名 困難さ、大変さ　　□ **face** 動 直面する
□ **financial sector** 金融部門　　□ **stable** 形 安定した
□ **foreseeable** 形 予見可能な

訳：金融部門は、直面する多くの困難にもかかわらず、見通せる範囲の将来、おそらく安定を維持するだろう。

金のルール 49

although/though/even though は接続詞、despite/in spite of/notwithstanding は前置詞。

　これらの単語は、「前置詞 or 接続詞」問題の選択肢で頻出します。それぞれの品詞をしっかり頭に入れましょう。

although/though/even though (～だが)
　節 (SV) を伴う接続詞。
● Although/Though/Even though <u>it was raining</u>, I went out.

despite/in spite of/notwithstanding (～にもかかわらず)
　名詞 (のカタマリ) を伴う前置詞。
● Despite/In spite of/Notwithstanding <u>the rain</u>, I went out.

92. After ten years, the water pump had to be replaced ------- it was no longer working.

(A) due to
(B) unless
(C) because
(D) in fact

💡 空所の前後がどちらも節です。

 TOEIC の世界では、水回りのトラブルが多発し、plumber (配管工) が
大活躍する。

92.

選択肢の並びから、「前置詞or接続詞」問題と判断し、文のカタチを見ます。空所前は、the water pumpが主語、had to be replacedが述語動詞の節 (SV) です。空所後も、itがSでwas workingがVの節です (no longerは副詞)。空所には、2つの節をつなぐ接続詞が必要なので、(B)(C)が正解候補です。このうち、「送水ポンプは交換が必要だった」「それはもはや機能していなかった」の2つの節の文脈がうまくつながるのは、(C) because (〜なので) です。(B)「〜しない限り」は文意が通じません。(A)「〜が理由で」は、意味的にはうまくつながりますが、節ではなく名詞 (のカタマリ) を伴う前置詞です。(D)「実際」は接続機能のない副詞です。

□ **no longer** もう〜ない

訳：10年経過し、その送水ポンプは、もはや機能していなかったので、取り換える必要があった。

金のルール50

接続詞becauseは必ず節 (SV) を伴う。

接続詞becauseは、必ず節 (SV) を伴います。一方、前置詞ofが付いたbecause ofは、名詞 (のカタマリ) を伴います。

● The event was canceled because it rained.
● The event was canceled because of the rain.

どちらのカタチも出題されるので、文法的な違いを頭に入れましょう。また、because同様、「〜なので」という理由を表す接続詞としてsinceとas、「〜が理由で」という意味を表す前置詞としてdue to、owing to、on account ofも押さえましょう。

93. ------- the funding is approved, Lombard Hospital will remodel its reception and patient waiting area.

(A) Once
(B) Soon
(C) Only
(D) That

💡 2つの節をつなげられるのは？

 TOEICの世界には、病院は存在するが、入院患者は存在せず、病床使用率は常に0％である。

空所後からカンマまでは、the fundingが主語で、is ap-
provedが述語動詞の節 (SV)、カンマ以降も、Lombard
HospitalがS、will remodelがVの節です。したがって、空
所には、2つの節をつなぐ接続詞が必要です。選択肢中、2
つの節をつなぐ接続詞の機能を持つのは、(A) Onceです。
onceは接続詞の場合、「〜したらすぐに」という意味を表し
ます (as soon as SVに近いイメージです)。(B)「もうすぐ」と (C)
「だけ」は副詞です。(D) Thatは、接続詞の場合、I can't
believe that he's only 25.のように、名詞のカタマリ (名詞
節) を作ります。that単独で副詞節は作らない (カンマで2つの
節はつなげない) ことに注意しましょう。

□ **funding** 名 資金提供　□ **approve** 動 承認する
□ **remodel** 動 改装する　□ **reception** 名 受付

訳：資金提供が承認されたらすぐに、Lombard病院は受付と患者の待
　　合室を改装する予定だ。

金のルール 51

onceは接続詞としても Part 5 頻出。

onceは、「1度、かつて」という副詞として頻出します。
● I've only met him <u>once</u>. (私は彼に1度しか会ったことがない)
● I <u>once</u> had a car. (私はかつて車を持っていた)

　こうした副詞に加えて、onceは、「〜したらすぐに」という
意味を表す接続詞として、Part 5で頻出します。
● I'll call you once I get to the airport. (空港に着いたらすぐに)
● Once you place your order, you will receive a
confirmation e-mail. (注文したらすぐに)

94. ------- the directors reach an agreement, the company's advertising budget will increase by 1.5 million dollars.

(A) Provided that
(B) Nevertheless
(C) Regardless of
(D) In the event of

 選択肢に接続詞の目印があります。

 TOEICの世界では、現実世界同様、WebやSNSを活用した広告が人気。

94. 正解 (A) Provided that

　空所後は、the directors が主語、reach が述語動詞の節 (SV)、カンマ後も、the company's advertising budget が S、will increase が V の節です。空所には 2 つの節をつなぐ接続詞が必要なので、(A) Provided that（〜するという条件で）が正解です。provided that は、only if の類義表現です。that が省略された provided や、providing (that) でも同じ意味を表します。(B)「それにもかかわらず」は、接続機能のない副詞です。(C)「〜とは無関係に」は、regardless of the weather（天気とは無関係に）のように名詞（のカタマリ）を伴う前置詞です。(D)「〜の場合には」も、in the event of rain（雨の場合には）のように、名詞（のカタマリ）を伴う前置詞です。

□ **director** 名 役員　　□ **reach** 動 達する
□ **agreement** 名 合意

訳：役員たちが合意に達するという条件で、その会社の宣伝予算は 150 万ドル増える予定だ。

金のルール 52

that は接続詞の目印。

provided that 以外に、以下も押さえましょう。

so that（〜するために、〜できるように）

● We welcome your feedback <u>so that</u> we can improve our service.

now that（今は〜なので）

● I will have more time to relax <u>now that</u> I'm retired.

in the event that（〜した場合）

● <u>In the event that</u> it rains, the fair will be canceled.

95. ------- authorized by the finance officer, changes cannot be made to the company's financial documents.

(A) Unless
(B) After
(C) Because
(D) During

 空所後が、節 (SV) でも名詞でもありません。

 TOEICの世界には、不正を行う財務担当者は存在しない。

空所後が、authorizedという過去分詞です。節 (SV) でも名詞 (のカタマリ) でもありません。これは、2つの節の主語が同じ場合に、接続詞の直後の「主語+be動詞 (ここでは they are)」が省略されたカタチです。選択肢中、直後に過去分詞を伴う接続詞は、(A) Unless (〜しない限り) です。Unless (they are) authorized by the finance officer, changes cannot be made to〜. (財務責任者の許可がない限り、〜の変更はできない) という意味です。(B) は、接続詞の場合、after <u>changes are authorized</u>のように節 (SV) を伴います。前置詞の場合、after <u>changing the documents</u>のように、動名詞を伴います。過去分詞は伴わないことを頭に入れましょう。(C)「〜なので」は分詞を伴わず、必ず節 (SV) が続きます。(D)「〜の間」は名詞 (のカタマリ) を伴う前置詞です。

□ **finance officer** 財務責任者

訳：財務責任者の許可がない限り、会社の財務書類の変更はできない。

金のルール 53

Part 5で出題される、分詞を伴う接続詞。

現在分詞：when/while

● I worked for a law firm while attending university.
（大学に通っている間に）

過去分詞：when/while/if/although/once/unless

● Once completed, the hotel will create 100 jobs.
（完成したらすぐに）

● All classes start at 9 A.M. unless otherwise noted.
（特に記載がない限り）

96. Mr. Shin asked ------- the office in Düsseldorf could be open by the end of October.

(A) in
(B) whether
(C) when
(D) regarding

💡 空所以降は目的語の名詞のカタマリです。

 TOEICの世界では、相手の質問に対し、「ウェブに出てるよ」「メール読んでないの？」といった塩対応は通常運転。

96. 正解 (B) whether

文頭のMr. Shinが主語でaskedが述語動詞です。空所後も、the officeがS、could beがVです。2つの節 (SV) をつなぐ接続詞の(C)「〜するとき」が正解候補ですが、空所に入れると文意が通じません。そこで、askedの目的語となる名詞のカタマリ (名詞節) を作る接続詞(B) whether (〜かどうか) を空所に入れると文意が通ります。ask whether SVで、「SがVするかどうかを尋ねる」という意味です。ask以外に、determine whether SV (SがVするかどうかを判断する) とinquire whether SV (SがVするかどうかを問い合わせる) も頭に入れましょう。(A)「〜の中」と(D)「〜に関する」は、名詞 (のカタマリ) を伴う前置詞です。(C)には、「いつ〜するか」という名詞節を作る疑問詞の用法もありますが、文意が通じません。

訳：Shinさんは、Düsseldorfのオフィスが10月末までにオープンできるかどうかを尋ねた。

金のルール 54

名詞節を作る接続詞は、whether、if、thatの3つ。

名詞節を作る接続詞は、whether/if (〜かどうか) とthatの3つです。

- I don't know <u>whether</u> it is right or wrong.
  (それが正しいか間違っているか)
- I'll see <u>if</u> I can do it. (できるかどうか)
- I know <u>that</u> he is a teacher. (彼が先生であること)

※whetherは副詞節を作る場合、「〜であろうと」の意味です。

- <u>Whether</u> you like it or not, you must take TOEIC.
  (好きであろうとなかろうと)

実戦問題 (Q97〜Q112)

◀ 97

97. Our employees are generally satisfied with the cafeteria, ------- some wish it would stay open later.

(A) notwithstanding
(B) although
(C) furthermore
(D) initially

◀ 98

98. You should always wear a properly fitted helmet and reflective clothing ------- riding a bicycle.

(A) also
(B) even
(C) unlike
(D) while

97. 正解 (B) although

　文頭からカンマまでは、Our employeesが主語、areが述語動詞の節 (SV) で、空所後も、代名詞someがS、wishがVの節です (wishの後に接続詞thatが省略されています)。選択肢中、2つの節をつなぐ接続詞は、(B) although (〜だが) です。(A)「〜にもかかわらず」は、名詞 (のカタマリ) を伴う前置詞 (despite / in spite ofの同義語) です。(C)「さらに」と (D)「初めは」は、接続機能のない副詞です。

□ **generally** 副 全体的に　　□ **satisfied** 形 満足して
□ **cafeteria** 名 社員食堂

訳：当社の従業員は全体的に社員食堂に満足しているが、もっと遅くまで開いていることを望む者もいる。

98. 正解 (D) while

　文頭から空所前は、Youが主語、should wearが述語動詞の節 (SV) で、空所後が現在分詞ridingです。選択肢中、直後に分詞を伴うことのできる接続詞 (D) while (〜する間) を空所に入れると、「自転車に乗っている間は」と意味が通り、正しい英文が完成します。接続詞whileは、2つの節の主語が同じ場合、直後の「主語＋be動詞」をまとめて省略し、分詞を伴うことができます。ここでも、while (you are) riding a bicycleのyou areをまとめて省略したカタチです。(A)「も」と(B)「さえ」は接続機能のない副詞です。空所後のridingを動名詞と考え、前置詞の(C)「〜とは違って」を空所に入れると文意が通りません。

□ **properly** 副 きちんと　　□ **fitted** 形 体にぴったり合った
□ **reflective clothing** 反射材を使った衣類

訳：自転車に乗っている間は、きちんとサイズの合ったヘルメットと、反射材を使った衣類を常に着用すべきだ。

99. ------- predictions by biologists, the algae in
the lake did not harm any species of fish.

(A) Alike

(B) In the event that

(C) As if

(D) In contrast to

100. The mannequins at Milstitch Fashions
are dressed in matching accessories,
------- scarves and gloves.

(A) such as

(B) moreover

(C) in addition

(D) rather

99. 正解 (D) In contrast to　　　　　金のルール47

　空所後からカンマまでが、predictions by biologists（生物学者たちの予想）という名詞のカタマリで、カンマ後は the algae が主語、did not harm が述語動詞の節 (SV) です。選択肢中、名詞と結びつき、節に補足情報を加える副詞のカタマリを作る前置詞は、(D) In contrast to（〜に反して）です。(A) は、「よく似た」という形容詞か、「同様に」という副詞です。副詞を用いた X and Y alike（X も Y も同様に）は重要表現です。(B)「〜した場合」と (C)「まるで〜かのように」は、2つの節 (SV) をつなぐ接続詞です。

□ **prediction** 名 予想　　□ **biologist** 名 生物学者
□ **algae** 名 藻　　□ **harm** 動 害を与える　　□ **species** 名 種

訳：生物学者たちの予想に反して、その湖の藻はどの魚類にも害を与えなかった。

100. 正解 (A) such as　　　　　金のルール47

　文頭からカンマまでは、The mannequins が主語、are dressed が述語動詞の節 (SV) です。空所後が scarves and gloves という名詞のカタマリなので、空所に入るのは前置詞です。選択肢中、前置詞として機能するのは、(A) such as です。「名詞 such as X」のカタチで、「名詞、たとえば X のような」と、空所前の名詞の具体例を示します。(B)「その上」、(C)「加えて」、(D)「むしろ」は、いずれも接続機能のない副詞です。

□ **matching** 形 （色、デザイン等が）同じ、そろいの
□ **scarf** 名 スカーフ、マフラー　　□ **glove** 名 手袋

訳：Milstitch Fashions にあるマネキンは、スカーフや手袋のようなそろいの装飾品を身に着けている。

101. The Yorkdale Clinic introduced online access to test results ------- paper records were occasionally being misplaced.

(A) likewise
(B) since
(C) concerning
(D) until

102. Some roses in the garden bloom only once a year, ------- other varieties do so about every six months.

(A) instead of
(B) only
(C) by contrast
(D) whereas

101. 正解 (B) since

　文頭から空所前は、The Yorkdale Clinic が主語、introduced が述語動詞の節 (SV)、空所後も、paper records が S、were being misplaced が V の節です。選択肢中、2 つの節をつなぐ接続詞は (B)(D) です。意味のつながりを考えると、空所後の、「紙の記録がときどき置き忘れられていた」という状況は、オンラインシステムを導入した理由なので、(B) since (～なので) が正解です。(D)「～までずっと」は文意が通じません。(A)「同様に」は接続機能のない副詞、(C)「～に関する」は名詞 (のカタマリ) を伴う前置詞です。

□ **occasionally**　副 たまに
□ **misplace**　動 置き忘れる、誤った場所に置く

訳：紙の記録がときどき置き忘れられていたので、Yorkdale クリニックは、オンラインで検査結果を照会できるようにした。

102. 正解 (D) whereas

　文頭から空所前は、Some roses が主語、bloom が述語動詞の節 (SV)、空所後も、other varieties が S、do が V の節なので、空所に入るのは接続詞です。選択肢中、2 つの節をつなぐ接続詞は、(D) whereas (～であるのに対して) です。対照的な内容の節をつなぐフォーマルな接続詞で、Part 5 で頻出します。(A)「～の代わりに」は名詞 (のカタマリ) を伴う前置詞、(B)「だけ」は接続機能のない副詞です。(C)「対照的に」は、文脈はうまくつながりますが、副詞なので、2 つの節をつなげられません。

□ **bloom**　動 咲く　　□ **every six months**　半年ごとに

訳：その庭園にあるバラの一部は年に 1 度しか咲かないが、一方で、約半年ごとに咲く品種もある。

103. ------- a reduction in competition, Pancean Airlines decided to raise its ticket prices and baggage fees.

(A) After all
(B) In case
(C) Only if
(D) Because of

104. The next monthly meeting will be held on Friday ------- Monday due to the national holiday.

(A) except
(B) instead of
(C) whereas
(D) in particular

103. 正解 (D) Because of

空所後からカンマまでが、a reduction in competition（競争の減少）という名詞のカタマリで、カンマ後が、Pancean Airlinesが主語、decidedが述語動詞の節 (SV) です。直後の名詞のカタマリと結びつき、節に補足情報を加える副詞のカタマリを作るのは前置詞なので、(D) Because of（〜が理由で）が正解です。同じ「〜が理由で」の意味を表す前置詞として、due to/owing to/on account ofも押さえましょう。(A)「結局」は接続機能のない副詞、(B)「〜した場合に備えて」と(C)「〜した場合のみ」は、2つの節をつなぐ接続詞です。

☐ **reduction** 名 減少　　☐ **competition** 名 競争
☐ **raise** 動 上げる　　☐ **baggage fee** 手荷物運賃

訳：競争が減少したので、Pancean航空は、チケット価格と手荷物運賃を値上げすることに決めた。

104. 正解 (B) instead of

文頭から空所前が、The next monthly meetingが主語、will be heldが述語動詞の節 (SV)、空所後がMondayという名詞なので、空所に入るのは前置詞です（due to以降は副詞のカタマリで修飾語）。前置詞(A)(B)のうち、(B) instead of（〜の代わりに、〜ではなく）を空所に入れると、「月曜ではなく金曜」となり文意が通ります。(A)「〜を除いて」は、every day except Monday（月曜を除く毎日）のように、例外を示します。(C)「〜であるのに対して」は2つの節をつなぐ接続詞です。(D)「特に」は接続機能のない副詞です。

☐ **due to** 〜が理由で

訳：次の月例会議は、国民の休日のため、月曜日ではなく金曜日に行われます。

105. ------- contractor delays, the opening date for Salmon Creek Bridge has been pushed back from November.

(A) If
(B) Owing to
(C) Therefore
(D) Given that

106. The Sonava Resort will be built in three phases ------- minimize the impact of construction on local traffic.

(A) prior to
(B) in addition to
(C) contrary to
(D) in order to

105. 正解 (B) Owing to　　　　　　　　金のルール47

　空所後のdelayには、名詞 (遅れ) と動詞 (遅らせる、先延ば
しにする) の両方の用法があるので、品詞の識別がポイントで
す。ここでは、可算名詞の単数形contractorに冠詞等が付
いていないことに着目し、前の名詞が後の名詞を形容詞的
に修飾するcontractor delays (請負業者の遅れ) という「名詞＋
名詞」のカタチと判断します。空所には、名詞 (のカタマリ) と
結びつき、副詞のカタマリを作る前置詞が必要なので、(B)
Owing to (〜が理由で) が正解です。(A)「もし〜なら」と (D)
「〜を考慮すると」は、節 (SV) を伴う接続詞、(C)「したがっ
て」は接続機能のない副詞です。

□ **contractor**　名 請負業者　　□ **delay**　名 遅れ
□ **push back**　先送りにする、延期する

訳：請負業者の遅れのため、Salmon Creek橋の開通日は、11月から
　　先送りになった。

106. 正解 (D) in order to　　　　　　　　金のルール30

　空所後のminimize (〜を最小化する) は原形動詞 (-izeは動詞
に多い語尾の1つ) です。選択肢中、直後に原形動詞を伴うのは、
目的を表す不定詞の(D) in order to (〜するために) です。ここ
では、in order to minimize the impact of X on Yで、「Xの
Yへの影響を最小限に抑えるために」という意味です。(A)「〜
の前に」、(B)「〜に加えて」、(C)「〜に反して」は、いずれも
前置詞です。prior to entering the room (部屋に入る前に)、in
addition to the Sonava Resort、contrary to expectations
(期待に反して) のように、目的語の動名詞や名詞を伴います。

□ **phase**　名 段階　　□ **minimize**　動 最小化する
□ **impact of X on Y**　YへのXの影響

訳：Sonava Resortは、工事の地元の交通への影響を最小限に抑える
　　ため、3段階に分けて建てられる予定だ。

107. The city widened Burridge River last
year, ------- many boaters still find it
difficult to access Kingston Port.

(A) also
(B) because
(C) soon
(D) yet

108. To participate in the Frankfurt Health
Symposium, please fill out the
registration form and ------- proceed
to payment.

(A) as soon as
(B) while
(C) then
(D) even though

107. 正解 (D) yet

空所の前後がどちらも節 (SV) なので、空所に入るのは接続詞です。選択肢中、接続詞として機能するのは (B)(D) です。このうち、「市は昨年、川幅を広げた」「港にアクセスするのは難しいと依然として多くの人が思っている」の2つの節の文脈がうまくつながるのは、(D) yet (しかし) です。yet は、「まだ」の意味の副詞に加えて、この but の意味の等位接続詞の用法も出題例があるので、頭に入れましょう。(B)「〜なので」は文意が通じません。(A)「も」と (C)「もうすぐ」は接続機能のない副詞です。

□ **widen** 動 広げる   □ **boater** 名 ボートに乗る人

訳：市は昨年、Burridge 川を拡張したが、ボートに乗る多くの人は、Kingston 港にアクセスするのが依然として難しいと感じている。

108. 正解 (C) then

文頭の不定詞 to からカンマまでは、目的を表す副詞のカタマリで修飾語です。カンマ後の節 (SV) を見ると、please fill out X and proceed to Y. (Xに記入して、Yに進んでください) と、文の要素がそろった命令文です (接続詞 and が2つの V をつないでいます)。つまり、空所に入るのは修飾語なので、副詞の (C) then (それから、そのとき) が正解です。(A)「〜したらすぐに」、(B)「〜する間、〜する一方で」、(D)「〜だが」は、いずれも2つの節をつなぐ接続詞で、直後に原形動詞を伴いません。

□ **participate in** 〜に参加する   □ **symposium** 名 討論会
□ **registration form** 登録用紙   □ **proceed** 動 進む

訳：Frankfurt 健康討論会に参加するためには、登録用紙に記入し、それからお支払いに進んでください。

109. The construction crew has to complete
the first phase of the project -------
moving on to the second.

(A) still
(B) during
(C) before
(D) only

110. State-of-the-art equipment is being
installed in the factory ------- we can
start a new assembly process in June.

(A) so that
(B) although
(C) rather than
(D) whenever

109. 正解 (C) before

　文頭から空所前が、The construction crew が主語、has to complete が述語動詞の節 (SV)、空所後が名詞のカタマリなので、空所に入るのは前置詞です。選択肢中、前置詞として機能するのは (B)(C) です。このうち、(C) before を空所に入れると、「第2工程に進む前に」となり文意が通ります。(B)「～の間」は、「進んでいることの間」となり文意が通じません。前置詞 during は動名詞を伴わないことも頭に入れましょう。(A)「まだ」と (D)「だけ」は接続機能のない副詞です。

□ **construction crew**　建設作業員　　□ **phase**　名 段階
□ **move on to**　～に進む

訳：建設作業員は、第2工程に進む前に、プロジェクトの第1工程を完了しなければならない。

110. 正解 (A) so that

　空所の前後がどちらも節 (SV) で、選択肢に2つの節をつなぐ接続詞が (A)(B)(D) と3つあるので、意味のつながりを考えます。「最新式の機器を工場に設置中だ」「6月に新たな組立工程を始められる」の2つの節の文脈がうまくつながるのは、(A) so that です。so that S can V のカタチで、「S が V できるように」という意味を表し、「行為 so that 目的」の文脈をつなぎます。接続詞の (B)「～だが」と (D)「～するときはいつでも」は意味が通じません。(C)「～ではなく」は、today rather than tomorrow（明日ではなく今日）のように2つの語句はつなげますが、節と節はつなげません。

□ **state-of-the-art**　形 最新式の
□ **assembly process**　組立工程

訳：我々が6月に新たな組立工程を始められるよう、最新式の機器を工場に設置中だ。

111. ------- the top five historical sites tourists want to see, the amphitheater welcomes the most visitors.

(A) When
(B) Consequently
(C) Among
(D) Since

112. ------- her contribution to improving Arkney City's transportation network, Ms. Rosenberg would make a good mayor.

(A) Given
(B) Even if
(C) Since
(D) As well as

111. 正解 (C) Among　　　金のルール47

　空所後からカンマまでが、the top five historical sites (that) tourists want to see と、目的格の関係代名詞が省略された名詞のカタマリだと見抜くのがポイントです。前置詞 (C)(D) のうち、(C) Among を空所に入れると、「観光客が見たい歴史の名所トップ5の中で」となり文意が通ります。among の基本イメージは、「集団の間、中」です。「最も～な中の1つ」の意味で、最上級と相性が良いことも頭に入れましょう。(D)「～以来」は過去の起点を伴います。(A)「～するとき」は節をつなぐ接続詞、(B)「結果として」は副詞です。

□ **historical site**　歴史の名所、史跡
□ **amphitheater**　名 円形競技場

訳：観光客が見たい歴史の名所のトップ5の中で、円形競技場が最も来場者数が多い。

112. 正解 (A) Given　　　金のルール47

　空所後からカンマまでが名詞のカタマリ、カンマ後が節 (SV) なので、前置詞の (A)(C)(D) が正解候補です。空所後の「市の交通網の改善への貢献」は、Rosenberg さんが良い市長になるだろうという予想の根拠なので、(A) Given（～を考えると、～を考慮に入れると）が正解です。前置詞 given は、considering の類義語で、TOEIC に頻出します。(C) は前置詞の場合、「～以来」という意味で、since last year のように過去の起点を伴います。(D)「～に加えて」は、tea as well as coffee（コーヒーに加えてティーも）のように、同等のモノを並べます。(B)「たとえ～でも」は節 (SV) を伴う接続詞です。

□ **contribution**　名 貢献　　□ **transportation network**　交通網
□ **mayor**　名 市長、町長

訳：Arkney 市の交通網の改善への貢献を考えると、Rosenberg さんは良い市長になるだろう。

第4章

代名詞問題

基本を押さえて
確実に！

解き方の基本

代名詞問題は、毎回1〜2問程度出題され、以下の2つの
タイプに大別できます。

1.「格」を問うタイプ

主格he、所有格his、目的格him、再帰代名詞himselfと
いった、人称代名詞の異なる格が選択肢に並んでいるタイプ。

2. そのほかのタイプ

anyone、each other、thoseといった代名詞が選択肢に並
んでいるタイプ。

ここでは、タイプ1の解き方をご紹介します（タイプ2につい
ては、練習問題で取り上げます）。

では、例題でポイントを確認しましょう。

113. In an effort to reduce costs, -------
have moved our assembly operations
to a plant in Ecuador.

(A) we

(B) our

(C) us

(D) ourselves

解き方の手順

① 選択肢をチェック

　選択肢に人称代名詞の異なる格が並んでいるので、「格」
を問うタイプの代名詞問題です。

② 文のカタチをチェック

　文頭の前置詞inからカンマまでは修飾語 (副詞のカタマリ)
です。空所後に述語動詞have movedがあり、主語が欠けて
います。空所には文の主語が必要なので、主格の(A) we が
正解です。所有格の(B)、目的格の(C)、再帰代名詞の(D)
はいずれも主語になりません。

正解 (A) we

□ **in an effort to do**　～するために　　□ **reduce**　動 減らす
□ **assembly**　名 組み立て　　□ **operation**　名 業務
□ **plant**　名 工場

訳：コスト削減のため、当社は組み立て業務をエクアドルにある工場に
　　移しました。

金のルール 55

「格」の問題では、主語の位置が空所なら主格を選ぶ。

　「格」の問題を解く際は、まず文構造を確認しましょう。そ
の上で、文の主語が欠けていたら主格を選ぶのが基本です。
所有格・目的格・再帰代名詞は主語になりません。ただし、
所有代名詞 (「所有格＋名詞」の代わりに用いられる代名詞) は、主語
になるので注意が必要です。たとえば、My car is red, and

199

his (= his car) is blue. のようなカタチです (his の代わりに he を入れると意味が通じません)。「主語は主格」がこのタイプの問題を解く際の基本ですが、空所に主格を入れると明らかに意味が通らない場合、所有代名詞が正解の可能性があります。所有代名詞は、本試験では、数年に1度、忘れた頃に出題されます。所有代名詞が正解になる確率は低いのですが、凡ミスを防ぐため、主語の位置が空所なら、念のため、直後の述語動詞の意味を確認すれば万全です。

　このタイプ1の問題は、本試験で出題されたら確実に正解したいところです。

　まず、基本ですが、次の格変化の表はしっかり頭に入れましょう。

▨ 代名詞の格変化

数	人称	主格 (〜は/が)	所有格 (〜の)	目的格 (〜を/に)	所有代名詞 (〜のもの)	再帰代名詞 (〜自身)
単数	1人称	I	my	me	mine	myself
	2人称	you	your	you	yours	yourself
	3人称	he	his	him	his	himself
		she	her	her	hers	herself
		it	its	it	—	itself
複数	1人称	we	our	us	ours	ourselves
	2人称	you	your	you	yours	yourselves
	3人称	they	their	them	theirs	themselves

✖ 人称代名詞の格の役割

ここで、それぞれの格の役割を整理しておきましょう。

●主格
文の主語になります。

They are students.

●所有格
名詞の前に置き、「誰の～」という所有者を示します。

The men are sitting at their desks.

●目的格
他動詞や前置詞の目的語になります。

I love them.

I talked to them this morning.

●所有代名詞
「所有格＋前に出てきた名詞」の代わりに使われます。

Our house is old, and theirs is new.

(theirs = their house)

●再帰代名詞
主語と目的語が同じ場合の目的語や、強調で使われます。

They introduced themselves.

(主語と目的語が同じ)

They built the house themselves.

(「(他の誰かではなく)自ら」「(人に頼らず)独力で」といった意味の強調)

— 代名詞問題のまとめ —

タイプ1の問題の解き方の基本は以下の通りです。

● **主語が欠けている**
　⇨ 主格か所有代名詞 (主格の意味が通らない場合)

● **目的語が欠けている**
　⇨ 目的格か再帰代名詞 (主語と目的語が同じ場合)

● **文の要素がそろっている**
　⇨ 空所が名詞の前なら所有格
　⇨ 空所がそれ以外の場所なら、強調用法の再帰代名詞

　この基本を頭に入れて、次ページからの練習問題を解いて
みましょう。

◀ 114

114. In Mr. Connolly's absence, queries about the upcoming product launch should be directed to ------- assistant.

(A) he
(B) his
(C) him
(D) himself

 名詞の前が空所です。

TOEICの世界では、仕事より歯医者のアポを優先し、オフィスを不在にする社員が後を絶たない。

文のカタチを見ると、queries が主語、should be directed が述語動詞です。続く前置詞 to の目的語の名詞 assistant が空所後にあるので、空所に入るのは修飾語です。選択肢中、名詞 assistant を修飾するのは、所有格の (B) his (彼の) です。所有格は名詞を修飾し、「誰の〜」という意味を表します。ここでは、「彼のアシスタント」という意味です。格の問題では、所有格が最頻出です。「名詞の前は所有格」と頭に入れましょう。(A) は文の主語になる主格、(C) は目的語になる目的格、(D) は再帰代名詞です。いずれも名詞を修飾できません。注意点として、「彼自身のアシスタント」と考えて、再帰代名詞を選んではいけません。「彼自身のアシスタント」は his own assistant です。

□ **absence** 名 不在　　□ **query** 名 問い合わせ
□ **upcoming** 形 今度の　　□ **launch** 名 発売
□ **direct** 動 〜の方にする、〜に向ける

訳：Connolly さんが不在の間、今度の製品の発売についての問い合わせは、彼のアシスタントの方にしてください。

金のルール 56

「格」の問題では、名詞の前の空所には所有格を選ぶ。

人称代名詞の正しい格を選ぶタイプの問題では、「文の要素がそろっていたら、名詞の前の空所には所有格を選ぶ」のが鉄則です。合わせて、「所有格＋own＋名詞」(〜自身の) の表現も押さえましょう。

Mr. Connolly started his own business.
(Connolly さんは彼自身の会社を始めた)

115. In this presentation, I will be explaining where local tourists tend to spend ------- money.

(A) their
(B) our
(C) its
(D) my

 空所後のmoneyは誰のお金でしょう？

 TOEICの世界には、ギャンブルや夜の街で散在する観光客は存在しない。

　選択肢がすべて所有格で、いずれも空所後の名詞money を修飾できます。こうした、人称代名詞の同じ格が選択肢に並んでいるタイプの問題は、空所の代名詞が何の代わりをしているのかを確認して解かなければならないので、厳密には語彙問題です。Part 6 で出題されることが多いのですが、Part 5 でもときどき出題されます。ここでは、お金を使うのは、local tourists（地元の観光客）ですから、local tourists'（地元の観光客の）を言い換えた、複数名詞の所有格 (A) their（彼らの）が正解です。文の主語のI を見て、(D)「私の」を選んではいけません（私が大金持ちで、地元の観光客にお金を渡し、何に使う傾向にあるのかを観察する研究を行っている、といった TOEIC の世界ではありえない特殊な文脈がこの前に必要です）。(B)「私たちの」と(C)「その」も、何を指しているのかが不明で、文意が通じません。

□ **tend to do**　～する傾向にある、～しがちだ

訳：このプレゼンでは、地元の観光客がどこでお金を使う傾向にあるのかについて、ご説明します。

金のルール 57

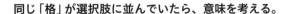

同じ「格」が選択肢に並んでいたら、意味を考える。

　人称代名詞の同じ格が選択肢に並んでいるタイプの問題は、主に Part 6 で出題されますが、Part 5 でもときどき出題されます。このタイプの問題は、問題文の意味を理解し、空所の代名詞が何の代わりをしているのかをしっかり確認して解くのがポイントです。

116. Ms. Harper has shown ------- to be a valuable member of the Kressford design team.

(A) she
(B) her own
(C) hers
(D) herself

 目的語が主語と同一人物です。

 TOEICの世界には、チームのお荷物になる社員は存在しない。

116. 　正解 (D) herself

Ms. Harper が主語、has shown が述語動詞で、空所には目的語が必要です。主語と目的語を同一人物と考え、「Harper さんは、自身が～であることを示してきた」とすれば文意が通るので、再帰代名詞の (D) herself (彼女自身) が正解です。再帰代名詞は、主語と目的語が同じ場合の目的語として用いられます (Ms. Harper bought a gift for herself. のように、再帰代名詞は前置詞の目的語にもなります)。(A) は主語になる主格です。(B) は、her own team (彼女自身のチーム) のように、所有格を強調するカタチで主に用いられます。所有代名詞の (C)「彼女のもの」は、I forgot my pen, so I borrowed hers (＝her pen). (ペンを忘れたので、彼女のを借りた) のように、目的語の機能もありますが、ここでは文意が通りません。

訳：Harper さんは、自身が Kressford デザインチームの価値あるメンバーであることを示してきた。

金のルール 58

空所が目的語なら、主語と同じ場合のみ、再帰代名詞を選ぶ。

　人称代名詞の正しい格を選ぶタイプの問題では、目的語の位置が空所なら、目的格を選ぶのが基本です。この問題のように、主語と目的語が明らかに同じ場合に限り、再帰代名詞を選びましょう。たとえば、Ms. Harper asked me to send an e-mail to -------. といった空所には、再帰代名詞を選んではいけません。send の意味上の主語 (メールの送信者) は I、受信者は her で異なるので、目的格の her が正解です。フィーリングで再帰代名詞を目的語の位置に選ばないよう注意しましょう。

117. It is easy to create a persuasive presentation ------- using the latest software from Multecho Systems.

(A) you
(B) yourself
(C) your
(D) yours

 空所がなくても文が成立しています。

 TOEICの世界には、プレゼンで緊張して無言になる人は存在しない。

　文頭から空所前が節 (SV)、空所後の現在分詞using以降は、その節に補足情報を加える副詞のカタマリ (分詞構文) で、空所がなくても文が成立しています。こうした文の要素がそろったカタチに加え、「(他の誰かではなく) 自ら」「(人に頼らず) 独力で」という強調の意味を表すのが、再帰代名詞の(B) yourselfです。ここでは、「～を使って、(人に頼らず) ご自身で説得力のあるプレゼンを作るのは簡単です」という意味です。再帰代名詞は、主語と目的語が同じ場合の目的語と、この強調の2つの用法があり、特に強調用法がPart 5で頻出します。(A)は主格または目的格、(C)は所有格、(D)は所有代名詞です。

□ **persuasive** 形 説得力のある

訳：Multecho Systemsの最新のソフトウェアを使って、説得力のあるプレゼンをご自身で作ることは簡単です。

金のルール 59

文の要素がそろい、空所が名詞の前でない場合、再帰代名詞を選ぶ。

　「格」の問題で、文の要素がそろっていたら、空所の位置が名詞の前なら所有格、それ以外の場所なら、「自ら」「独力で」という強調の意味を表す再帰代名詞を選ぶのが基本です。この強調用法の再帰代名詞は、I can do it <u>myself</u>. (私はそれを自分でできます) や Mr. Kato <u>himself</u> attended the event. (加藤さん自ら、そのイベントに出席した) のように、文末や主語の直後にも置かれます。

118. Since Mr. Hadley was unable to attend the ceremony, Ms. Andrews accepted the award on ------- behalf.

(A) he
(B) him
(C) his
(D) himself

 空所後のbehalfは名詞です。

 TOEICの世界では、ささいなことでも賞が授与される。

118. 正解 (C) his ▰▰▰

　文全体は、Since SV, SV. のカタチです。カンマ後の節を見ると、Ms. Andrews が主語、accepted が述語動詞、the award が目的語で、文の要素がそろっています。前置詞 on 以降は、述語動詞を修飾する副詞のカタマリです。前置詞 on の後には目的語が必要ですが、空所後に behalf という名詞があります。したがって、所有格の (C) his を空所に入れると、on his behalf (彼の代わりに) という表現が完成し、正しい英文になります。名詞 behalf は、on behalf of X (X の代わりに、X を代表して) のカタチで、TOEIC でもスピーチや手紙等で頻出します。この on one's behalf も同じ意味です。behalf は、TOEIC では、この 2 つの表現でしか出ないので、合わせて頭に入れましょう。主格の (A)、目的格の (B)、再帰代名詞の (D) はいずれも名詞を修飾しません。

□ **since** 接 ～なので　□ **accept** 動 受け取る、受け入れる
□ **award** 名 賞

訳：Hadley さんが祝典に出席できなかったので、Andrews さんが彼の代わりに賞を受け取った。

金のルール 60 ▰▰▰

押さえておきたい所有格の定型表現。

on one's behalf (～の代わりに)

● I wrote the letter on her behalf. (彼女の代わりに)

on one's own (1人で、独力で)

● Mr. Kato traveled to London on his own. (1人で旅行した)
● Ms. Sato did it on her own. (独力で行った)

119. For ------- who wish to enjoy a taste of Thai cuisine, go to the Siam Food Festival this weekend.

(A) they
(B) them
(C) those
(D) that

 関係代名詞whoの前に入るのは？

 TOEICの世界には、タイ料理は存在するが、シンハービールは存在しない。

119. 正解 (C) those

空所には、前置詞forの目的語の役割をしつつ、主格の関係代名詞 who の先行詞 (関係代名詞以降の形容詞のカタマリが後ろから説明する名詞) になる代名詞が必要です。まず、(A)(B)のような人称代名詞は単独で用いられ、修飾語を伴いません。次に、関係代名詞 who の直後の述語動詞 wish に3単現のsが付いていないので、主述が合うのは、複数扱いの代名詞 (C) those です。代名詞 those は、複数形の名詞の代わりに用いられるほか、この those who (〜する人々) のカタチで頻出します。ここでは、those who wish to enjoy a taste of Thai cuisine で、「タイ料理の味を楽しみたい人」という意味です。代名詞の (D) は、単数扱いなので、述語動詞と主述が合いません (wishes と3単現のsが必要です)。また、that は、関係代名詞の先行詞にもなりません (代名詞 that に修飾語が付くのは、The population of Tokyo is larger than that of Osaka. のように、前に出てきた名詞の言い換えとして用いられる場合です)。

□ **cuisine** 名 (特定の国や地域の) 料理

訳: タイ料理の味を楽しみたい人は、今週末、Siam フードフェスティバルに行きましょう。

金のルール 61

人称代名詞は修飾語を伴わない。

they / their / them / themselves といった人称代名詞は、単独で用いられ、修飾語を伴いません。選択肢に人称代名詞と代名詞が混在していた場合、空所後が空所に対する修飾語なら、人称代名詞を選ばないようにしましょう。

第5章

前置詞問題

答えを即決して
走り抜けよう！

解き方の基本

in、at、from、withといった前置詞が選択肢に並んでいるタイプの問題です。このタイプの問題は、Part 5で毎回1〜3問程度出題されます。前置詞問題は、決まった用法や熟語等を知らないと正解できない（文法問題ではなく、語彙問題の一種です）ので、時間を浪費しないことが大切です。「fromにしようかforにしようか」と考え込まず、迷ったら、直感を信じて思い切って答えを即決しましょう。

では、例題でポイントを確認しましょう。

例題
🔊 120

120. Zappish Online guarantees that orders placed in North America will arrive ------- seven days of shipping.

(A) among
(B) beside
(C) since
(D) within

解き方の手順

① 選択肢をチェック

選択肢をすばやくチェックし、前置詞が並んでいることを確認します。もし、接続詞や副詞がまじっていたら、「前置詞or接続詞」問題なので、注意が必要です。

② 意味がうまくつながる前置詞を選ぶ

　文頭から空所前は、「Zappish Online は、北米で出された注文は届くと保証している」、後は「出荷後7日」です。ここに、(D) within（～以内）を入れると、within seven days of shipping（出荷後7日以内に）となり、注文が届く期間を正しく示すことができます。(A) among（～の間）は、<u>among customers</u>（お客様の間で）のように「集団」「グループ」を伴います。「～の間」という和訳に引きずられないようにしましょう。(B) beside（～のそばに、脇に）は、<u>beside a table</u>（テーブルの脇に）のような位置を表します。(C) since（～以来）は、<u>since</u> 1960 のように、過去の「起点」を伴います。

③ 時間を浪費しない

　もし、「期間内」を表す within の用法を知らなければ、いくら考えてもこの問題を正解することはできません。その場合は、直感で答えを即決しましょう。TOEIC 対策の勉強をしていると、<u>within</u> 24 hours（24時間以内）や <u>within</u> a week（1週間以内）、<u>within</u> six months（6か月以内）といった表現を至る所で目にします。普段からたくさんの英語に触れて「前置詞感覚」を磨き、直感的に正しい前置詞を選べる上級者を目指しましょう。

正解 (D) within

□ **guarantee** 動 保証する　　□ **place an order** 注文を出す
□ **shipping** 名 出荷

訳： Zappish Online は、北米で出された注文は、出荷後7日以内に届くと保証している。

金のルール 62

withinの基本イメージは「範囲内」。

前置詞withinの基本イメージは「範囲内」です。<u>within</u>24 hours（24時間以内に）のような「期間内」に加えて、<u>within</u>walking distance（徒歩圏内に）、<u>within</u> the budget（予算の範囲内で）、<u>within</u> the company（社内で）、<u>within</u> the organization（組織内で）といったカタチでも用いられます。いずれも「範囲内」が共通イメージです。

--- **前置詞問題のまとめ** ---

前置詞の用法は多岐に渡り、TOEICでの出題パターンもさまざまです。前置詞問題対策として、まずは、それぞれの前置詞が持つ基本イメージをつかみ、基本的な用法を押さえましょう。その上で、多読・多聴・音読を通じてたくさんの英語に触れ、「前置詞感覚」を磨いてください。

前置詞の基本イメージをつかむには、「前置詞」「イメージ」というキーワードで、Googleを画像検索するのがお勧めです。前置詞のイメージをイラストやキャラクターで紹介するさまざまなウェブサイトがヒットするはずです。それらのサイトのいくつかに目を通せば、前置詞のざっくりしたイメージや用法がつかめます。

前置詞について、よりくわしく知りたいという上級者の方には、次ページの参考書がお勧めです。

✖ 前置詞オススメ参考書

『英文法の鬼100則』
(時吉秀弥著・明日香出版社)

『イメージで比べてわかる 前置詞使い分けBOOK』
(すずきひろし他著・ベレ出版)

『核心のイメージがわかる！ 前置詞キャラ図鑑』
(関正生著・新星出版社)

『ネイティブスピーカーの前置詞』
(大西泰斗著・研究社)

　では、TOEICに出る代表的な前置詞問題をいくつか解い
てみましょう。

◀ 121

121. The Lilium Giftshop will be open daily
from 9:00 A.M. to 7:00 P.M. ------- the
holiday season.

(A) about
(B) between
(C) throughout
(D) onto

 「～を通してずっと」の意味を表すのは？

 TOEICの世界では、ツアーガイドはたいていツアーの最後にギフトショ
ップでの買い物を推してくる。

　空所前が、「Lilium Giftshopは毎日午前9時から午後7時まで営業します」、後が「休暇シーズン」です。選択肢中、「期間」を伴い、「〜を通してずっと」の意味を表すのが、(C) throughoutです。throughout the holiday seasonで「休暇シーズンを通してずっと」という意味です。(A)「〜について」は、What is indicated <u>about</u> X? (Xについて何が示されていますか) のように設問文でも頻出します。(B)「〜の間」は、期間を表す場合、<u>between</u> November 30 and January 1 (11月30日と1月1日の間) のように、between X and Yのカタチになります。(D)「〜の上に」は、He's climbing <u>onto</u> a roof. (彼は屋根に上ろうとしている) のように、何かの上面に向かう動きを表し、主にPart 1で出ます。

訳：Lilium Giftshopは、休暇シーズンを通してずっと、毎日午前9時から午後7時まで営業します。

金のルール 63

throughoutは、「期間」と「場所」を伴う。

　throughoutは、through (〜を通して) にout (完全に) が付き、「期間」や「場所」を伴い、「〜を通してずっと」「〜の至る所で」の意味を表します。Part 5でも頻出するので、用法を頭に入れましょう。

期間「〜を通してずっと」

● throughout the day/week/month/year
　(その日・週・月・年を通してずっと)

場所「〜の至る所で」

● throughout the country/region/factory
　(その国・地域・工場の至る所で)

122. ------- the direction of Catherine Smith, the Woodlawn Theater has become one of the most exciting venues in Melbourne.

(A) Across
(B) Inside
(C) Over
(D) Under

 direction（監督、指示）と結びつくのは？

TOEICの世界には、幼い頃の思い出を胸に、会計士の職を辞し、老朽化した劇場の支配人に就任し、成功した人物が存在する。

　空所後の名詞directionは、「方向、道順、指示」といった
さまざまな意味を表す多義語です。ここでは、「Catherine
Smithの監督(向かうべき道筋を示すこと)」といった意味です。
この名詞directionの前に置き、「監督下で」という意味を表
す前置詞が、(D) Underです。under the direction of X (X
の監督下で、Xの指示の下で)は重要表現です。(A)は「何かを横
切る」イメージで、<u>across</u> the street (通りの向こう側に)のよ
うに用いられます。(B)は「内側」が基本イメージで、<u>inside</u>
the building (建物内で)のように用いられます。(C)は虹のよ
うな「上の円弧」が基本イメージで、特に、<u>over</u> the last five
years (この5年間にわたって)のような「期間」を表すカタチで頻
出します。

□ **direction** 名 監督、指示、方向　　□ **venue** 名 会場

訳：Catherine Smithの監督下で、Woodlawn劇場は、Melbourneで
　　最も刺激的な会場の1つとなった。

金のルール 64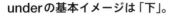

underの基本イメージは「下」。

● 下の位置：under a bridge (橋の下)
● ～より下：under 18 years old (18歳未満)
● 状況下　：under construction (工事中)、under renova-
　　　　　　tion (改装中)、under review (検討中)、under
　　　　　　certain circumstances (特定の状況下で)
● 影響下　：under contract (契約期間中)、under warranty
　　　　　　(保証期間中)
● その他　：under Mr. Kato's leadership (～のリーダーシ
　　　　　　ップの下で)

123. The Pennington Company processes recycled glass and plastic ------- various products.

(A) along
(B) into
(C) before
(D) beyond

空所後の製品は、加工後の姿です。

 TOEICの世界には、リサイクルで偽装や不正を行う業者は存在しない。

The Pennington Company が主語、processes（〜を加工する）が述語動詞、recycled glass and plastic（リサイクルされたガラスとプラスチック）が目的語で、空所後の various products（さまざまな製品）は、目的語の加工後の姿です。こうした「変化」を表す前置詞が (B) into で、process X into Y で「Xを加工してYにする」という意味です。into は「〜の内部へ」というイメージから派生して、「変化」を表します。(A)「〜に沿って」は、<u>along</u> the street（通りに沿って）や <u>along</u> the river（川沿いに）のように「細長いものに沿って」が基本イメージです。(C)「〜の前に」は、<u>before</u> processing X into Y（XをYに加工する前に）といった動名詞を伴う形も重要です。(D)「〜を超えて」は、<u>beyond</u> the river（川の向こう側）、<u>beyond</u> 2021（2021年以降）、<u>beyond</u> repair（修理の範囲を超えて⇨修理不可能な）といったカタチで用いられます。

☐ **process** 動 加工する、処理する　　☐ **various** 形 さまざまな

訳：Pennington 社は、リサイクルされたガラスやプラスチックを加工して、さまざまな製品にします。

金のルール 65

into は「変化」を表す。

into は、「〜の内部へ」というイメージから派生して、「変化」を表します。

● The rain <u>changed/turned</u> <u>into</u> snow. （変わる）
● I <u>translated</u> the e-mail <u>into</u> Japanese. （翻訳する）
● They <u>transformed</u> a train station <u>into</u> a museum. （一変させる）
● They <u>converted</u> the building <u>into</u> a warehouse. （改築する）

124. ------- the next few weeks, the Vesmar
Group will be holding various events to
mark its centennial anniversary.

(A) Over

(B) From

(C) By

(D) At

 空所後が「時点」ではなく「期間」です。

 TOEICの世界では、記念日のお祝いは盛んだが、クリスマスやバレンタインデーは存在しない。

124.

　空所後は、the next few weeks (次の数週間) という期間です。選択肢中、期間を伴い、「〜にわたって」という意味を表す前置詞が (A) Over です。前置詞 over の基本イメージは、虹の架け橋のような「上の円弧」です。特に、<u>over</u> the last five years (過去5年にわたって) や <u>over</u> the past year (過去1年にわたって) といった期間を表すカタチで頻出します。(B) は、<u>from</u> Monday to Friday (月曜から金曜まで) といったカタチで時の「起点」を示します。期間は伴わないので注意しましょう。(C) は、<u>by</u> Friday (金曜までには) のような「期限」、go <u>by</u> train (電車で行く) のような「手段」、increase <u>by</u> 20% (20%増) のような「差」を表す用法等が重要です。(D) は、The show starts <u>at</u> 6 P.M. や The event will be held <u>at</u> the Vesmar Hotel. のように、時の流れや地図上の「点」を示します。

□ **hold** 動 (イベント等を) 行う　　□ **mark** 動 記念する
□ **centennial** 形 100年の　　□ **anniversary** 名 記念日

訳：次の数週間にわたって、Vesmar グループは、100周年を記念するさまざまなイベントを行う予定だ。

金のルール 66

over の基本イメージは「虹の架け橋」。

　over の基本イメージは、虹の架け橋のような「上の円弧」です。

● We have worked hard <u>over</u> the past year. (過去1年間)
● I was interviewed <u>over</u> the phone. (電話越しで)
● I have traveled all <u>over</u> the world. (世界中を)
● I have looked <u>over</u> the report. (ざっと)

125. ------- the three menu items on special today, the most popular is the turkey sandwich with tomato soup.

(A) Toward
(B) Of
(C) As
(D) Without

 最上級と結びつくのは？

 TOEICの世界には、サンドイッチは存在するが、「サンドイッチマン」は存在しない。

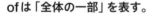

125. 正解 (B) Of

空所に前置詞(B) Ofを入れると、「3つのメニューの品のうちで、最も人気なのは〜」となり文意が通ります。前置詞ofは、最上級と合わせて用いられ、「〜のうちで1番」の意味を表します。He is the tallest <u>of</u> the three. (3人のうちで1番背が高い)や、This is the busiest time <u>of</u> the year. (1年のうちで最も忙しい時期)といったカタチです。(A)「〜に向かって」は、walk <u>toward</u> a door (ドアに向かって歩く)や、the first step <u>toward</u> becoming a teacher (先生になるための最初の一歩)のように、「方向」や「方向性」、「用途」を表します。(C)は、前置詞の場合、「〜として」という意味を表し、<u>as</u> a result (結果として)や<u>as</u> a token of our appreciation (我々の感謝の印として)は重要表現です。(D)は、<u>without</u> permission (許可なしに)、<u>without</u> written consent (書面による同意なしに)といったカタチで、「〜なしに」の意味を表します。

□ **special** 名 特別料理

訳：今日の特別料理の3つのメニューの品のうち、1番人気は、トマトスープ付きの七面鳥のサンドイッチです。

金のルール 67

ofは「全体の一部」を表す。

ofの多岐に渡る用法の1つが、この問題で取り上げた「一部 of 全体」です。全体から一部を取り出すイメージで覚えましょう。

● He is a member <u>of</u> the marketing team.
● The store is in the center <u>of</u> the city.
● The restaurant will be open at the beginning <u>of</u> April.

126. ------- entering the facility, Mr. Morris
   showed his security badge to the guard
   by the door.

(A) During
(B) Until
(C) From
(D) Upon

 「～したらすぐに」の意味を表すのは？

TOEICの世界では、勤務初日にもらった社員証の名前が間違っていて
も、社員は決して愚痴をこぼさない。

126. 正解 (D) Upon

　選択肢中、動名詞を伴い、「～したらすぐに」の意味を表す
のが、(D) Upon です。upon entering the facility で、「施設
に入ったらすぐに」という意味です。前置詞upon は、on の
フォーマルなカタチです（ここでもOn に置き換え可能です）。前置
詞on の基本イメージは「接触」で、ある行為や出来事に触れ
た途端に何かが起こるイメージです。upon arrival（到着時に）
のように名詞を伴うカタチも頻出します。(A)「～の間」と (B)
「～までずっと」は、動名詞を伴いません。どちらも、during
the summer（夏の間）や until the end of the week（週末まで
ずっと）のように、「期間」や「終点」を伴います。動作や行為
を表す動名詞を目的語にとらないので注意しましょう。(C)
は「起点」から離れていくイメージを持ちます。したがって、
prevent X from doing（X が～することを防ぐ）や refrain from
doing（～することを控える）のように、「～させない・しない」意
味を持つ動詞と相性がよいことも頭に入れましょう。

□ **security badge**　身分証明書

訳：施設に入ったらすぐに、Morris さんは、ドアのそばの警備員に身
　　分証明書を見せた。

金のルール 68

upon は、「～したらすぐに、～時に」の意味で頻出。

　前置詞upon は、「～したらすぐに」の意味で動名詞を伴うカ
タチに加えて、「～時に」の意味で名詞を伴うカタチも重要です。

● upon arrival（到着時に）、upon check-in（チェックイン時に）、
　upon completion（完了時に）、upon delivery（配達時に）、
　upon receipt（受け取り時に）、upon reservation（予約時に）

127. The building inspector confirmed the factory had been constructed ------- government regulations.

(A) in order of
(B) in accordance with
(C) in line for
(D) in place of

 「〜に従って」の意味を表す熟語は？

 TOEICの世界には、建築偽装は存在しない。

127. 正解 (B) in accordance with

　選択肢がすべて前置詞のカタマリ（群前置詞）なので、意味を考えます。文頭から空所までが、「建築検査官は工場が建てられたことを確認した」で、空所後は「政府の規制」です。選択肢中、「（ルールや条件等）に従って」という意味の(B) in accordance with を空所に入れると、「政府の規制に従って」となり、前後の文脈が正しくつながります。(A)「〜順に」は <u>in order of</u> priority（優先度順に）、(C)「〜の候補で」は You are next <u>in line for</u> promotion.（あなたは次の昇進候補です）、(D)「〜の代わりに」は、work <u>in place of</u> Mr. Kato（Kato さんの代わりに働く）のように用いられます。

□ **inspector** 名 検査官
□ **government regulation** 政府の規制

訳：建築検査官は、その工場が、政府の規制に従って建てられたことを確認した。

金のルール 69

熟語の問題は考え込まない。

　熟語の問題は知らないと解けないので、時間を浪費しないようにしましょう。「（ルールや条件等）に従って、則って」の類義表現で、TOEIC に出る群前置詞は以下の通りです。

● <u>according to</u> the rules（規則に従って）
● <u>in accordance with</u> the terms of the contract
　（契約条件に従って）
● <u>in compliance with</u> the law（法律を順守して）
● <u>in keeping with</u> tradition（伝統に則って）
● <u>in observance of</u> the national holiday
　（国民の休日を順守して）

第6章

関係詞問題

「先行詞」と
「空所後のカタチ」
をチェック!

解き方の基本

　who、which、whatといった関係詞が選択肢に並んでいるタイプの問題です。Part 5では、関係詞の出題数は毎回0～1問程度です。関係詞自体の出題頻度はそれほど多くありませんが、関係詞の理解がポイントになる品詞問題や動詞問題、代名詞問題も出ます。なお、関係副詞 (whenやwhereなど) や複合関係詞 (whoeverやwhicheverなど) を正解として選ぶ問題は出題頻度が低いので、ここでは関係代名詞に絞って解き方のポイントをご説明します (関係副詞や複合関係詞は練習問題で取り上げます)。

関係代名詞について

　日本語とは異なり、英語では、名詞を説明する長い形容詞のカタマリ (動詞を含む形容詞のカタマリで、「形容詞節」と呼ばれます) は、名詞の後に置きます。たとえば、「地元の学校で教えている先生」といいたければ、「先生⇐地元の学校で教えている」の語順になります。その際、名詞に後ろから形容詞節をつなぐのが、関係代名詞の役割です。

●日本語

　　彼は地元の学校で教えている 先生 です。

●英語

　　He is a teacher who teaches at a local school.

　関係代名詞whoは、名詞のteacherに後ろから形容詞節 (関係詞節ともいいます) をつなぎつつ、述語動詞teachesの主語の役割もしています。言い換えると、「接続詞 (and) ＋代名詞 (he)」の一人二役の働きをしています。名詞と形容詞節を「関係」づ

けつつ、「代名詞」の役割もするので、「関係代名詞」と呼ばれます。名前は関係代名詞ですが、名詞を説明する形容詞のカタマリ (形容詞節) を作る、ということも頭に入れましょう。この例文のteacherのように、関係詞より先に置き、後から説明を受ける名詞のことを、「先行詞」と呼びます。先行詞を後ろから説明する形容詞節の中で、主語の役割をするのが「主格」、目的語の役割をするのが「目的格」、直後の名詞を修飾し、「誰の〜」という意味を表すのが「所有格」の関係代名詞です。

　関係代名詞の問題は、以下の2点を確認して解くのが基本です。

① 先行詞

　先行詞が、「人」か「人以外」か、をチェックします。

② 空所後のカタチ

　空所後のカタチをチェックします。主語が欠けていたら主格、目的語が欠けていたら目的格の関係代名詞が空所に入ります。主語も目的語も欠けておらず、先行詞と空所後の名詞との間に、「誰の〜」という所有の関係があれば、所有格の関係代名詞whoseが空所に入ります (先行詞が「人」でも「人以外」でも所有格はwhoseです)。

　では、例題でポイントを確認しましょう。

例題
128.

128. Sprinklex will get rid of those stubborn carpet stains ------- seem impossible to remove.

(A) who

(B) they

(C) that

(D) whose

解き方の手順

① 選択肢をチェック

　関係代名詞として機能するwho, that, whoseと、人称代名詞のtheyが並んでいます。

② 文のカタチをチェック

　文のカタチを見ると、空所前は、文の要素がそろったカタチで、空所以降が、stains（染み）という名詞を後ろから説明する形容詞のカタマリです。したがって、空所に入るのは、名詞に後ろから形容詞節をつなぐ関係代名詞です。接続機能を持たない人称代名詞の(B) theyは正解候補から外れます（SVSVと、1つの文にSVが2つになり、文が成立しません）。

③ 先行詞をチェック

　先行詞が、stains（染み）という「人以外」なので、「人」が先行詞の(A) whoは正解候補から外れます（仮にstainsの意味がわからなければ、文脈から、「人以外」であろうと推測します）。

④ 空所後のカタチをチェック

　最後に、空所後のカタチを見ると、述語動詞seemの主語が欠けています。つまり、空所に入るのは「主格」の関係代名詞なので、(C) thatが正解です。「染み⇦取り除くのが不可能に思える」と、先行詞stainsをくわしく説明する形容詞のカタマリを作っています。(D)は直後に名詞を伴う所有格の関係代名詞です。

> #### 正解 (C) that

□ **get rid of** 〜を除去する　　□ **stubborn** 形 頑固な
□ **stain** 名 染み　　□ **remove** 動 取り除く

訳：Sprinklexは、取り除くのが不可能に思える頑固なカーペットの染みも取り除く。

金のルール70

関係代名詞の問題は、
「先行詞」と「空所後のカタチ」がポイント。

選択肢に関係代名詞が並んでいたら、まず、先行詞が「人」か「人以外」か、を確認しましょう。その上で、空所後のカタチを見て、主語が欠けていたら主格、目的語が欠けていたら目的格、どちらも欠けておらず、先行詞と空所後の名詞との間に、「誰の～」という所有の関係があれば所有格の関係代名詞を選ぶのが解き方の基本です。

ここで、関係代名詞のおさらいです。まず、以下の表を頭にしっかり入れましょう。

先行詞	主格	所有格	目的格
人	**who**	**whose**	**who/whom**
人以外	**which**	**whose**	**which**
何でも	**that**	**whose**	**that**

それぞれの役割は以下の通りです。

❌ 主格

後ろの節の中で、主語の役割をする関係代名詞を「主格」と呼びます。

239

●先行詞が「人」の場合、**who** または **that** が使われます。

Tex is a teacher who teaches at a local school.
(Texは地元の学校で教えている先生だ)

　　先行詞が teacher という「人」で、who が後の節の中で
主語 (he) の役割をしています。

●先行詞が「人以外」の場合、**which** か **that** が使われます。

English is a language that is spoken in many
countries.
(英語は多くの国で話されている言語だ)

　　先行詞が language という「人以外」で、that が後ろの
節の中で主語 (it) の役割をしています。

　主格の関係代名詞の先行詞になる名詞や、直後に入る動
詞の正しいカタチを選ぶ問題も出題されますので、以下の2
つのポイントも頭に入れておきましょう。
　① 主格の関係代名詞の後には、述語動詞 (V) が来る。
　② その V は先行詞と SV の関係があり、主述が一致する。

✖ 所有格

　関係代名詞が、後ろの節の中で、「誰の〜」という「所有
格」の役割をする用法です。先行詞が「人」でも「人以外」で
も whose が使われます。

I have a friend whose name is Masaya.
(私には、Masayaという名前の友人がいる)

　whose が後ろの節の中で、「彼の (his)」という所有格の役
割をしています。

❎ 目的格

後ろの節の中で、目的語の役割をする関係代名詞を「目的格」と呼びます。

● 先行詞が「人」の場合、**who** か **whom**、または **that** が使われます。

I have two brothers, both of whom are teachers.
（私には二人の兄弟がいて、共に教師だ）

先行詞が brothers という「人」で、whom が前置詞 of の目的語 (them) の役割をしています。前置詞の目的格としては、who や that は使えません。また、TOEIC で関係代名詞 whom が用いられるのは、この前置詞の目的語の場合のみです。

● 先行詞が「人以外」の場合、**which** か **that** が使われます。

This is the book that I bought yesterday.
（これは私が昨日買った本だ）

先行詞が book という「人以外」で、that が後ろの節の中で動詞 bought の目的語 (it) の役割をしています。

なお、目的格の関係代名詞は、先行詞が「人」でも「人以外」でも省略可能です。たとえば、先ほどの例文の関係代名詞 that を省略し、This is the book I bought yesterday. としても構いません。TOEIC でも、目的格の関係代名詞はよく省略されます。ただし、ひとつ前の例文の whom のような、前置詞の直後の目的格は省略できません。また、省略可能なのは目的格の関係代名詞だけです。主格や所有格の関係代名詞は、原則として省略できません。

❎ 関係代名詞what

whatは、関係代名詞の場合、主格か目的格で用いられ、名詞のカタマリ（名詞節）を作ります。

主格

What is popular is not always right.

（流行っていることが常に正しいとは限らない）

目的格

I know what you want.

（あなたの欲しいものはわかっている）

関係代名詞whatの中には、「モノ」「コト」といった先行詞が含まれていて、the thing(s) which に置き換えられます。「関係代名詞のwhatには先行詞が不要」と頭に入れましょう。関係代名詞が選択肢に並んでいて、先行詞がなければ、whatが正解候補になります。

関係代名詞問題の解き方のコツ

関係代名詞の文は、先行詞を普通の代名詞に変え、後ろの節に入れると、以下のように前後で2文に分けられます。

Tex is a teacher who teaches at a local school.

先行詞teacherを代名詞heに変え、
後ろの節の主語の位置に入れる

↓

Tex is a teacher. He teaches at a local school.

主格の関係代名詞は主語、目的格は目的語、所有格は直後の名詞の前の位置に入れるのが基本です。関係代名詞の文は2文に分けられる、と頭に入れましょう。

では、次ページからの練習問題を解いてみましょう。

◀ 129

129. Eight businesses sell antique toys in the Monroe Building, all of ------- are on its seventh floor.

(A) whose
(B) them
(C) which
(D) they

 カンマ以降は形容詞のカタマリです。

 TOEICの世界には、玩具の転売ヤーは存在しない。

129. 正解 (C) which

選択肢中、関係代名詞の機能を持つのが(A)(C)、人称代名詞が(B)(D)です。こうした関係代名詞と普通の代名詞が選択肢に混在する問題を解く際は、空所の前後だけではなく、必ず文全体のカタチを確認しましょう。まず、文頭からカンマまでは文の要素がそろったカタチです。次に、カンマ以降の「すべて7階にある」は、文頭の主語Eight businessesを説明する形容詞のカタマリです。したがって、先行詞businessesに形容詞節をつなぐ関係代名詞の(A)(C)が正解候補です。人称代名詞の(B)(D)は接続機能がなく、空所に入れると1つの文にSVが2つになり、文が成立しません (前後をつなぐには接続詞が必要です)。次に、空所部分のカタチを確認すると、前置詞ofの目的語が欠けているので、目的格の(C) whichが正解です。所有格の(A)は、直後に名詞を伴い、「誰の〜」という意味を表します。なお、関係代名詞の先行詞は、直前の名詞とは限りません。この問題文のように、離れた位置にある場合もあるので、しっかり確認しましょう。

訳：Monroe Building にはアンティーク玩具を販売する8つの店があり、それらはすべて7階にある。

金のルール 71

関係代名詞と普通の代名詞の文法的な違いに注意。

この問題のように、選択肢に関係代名詞と普通の代名詞が混在する問題も出題されます。関係代名詞は、「接続詞＋代名詞」の一人二役をこなしますが、普通の代名詞には接続機能はありません。空所以降が先行詞に形容詞節をつなぐカタチなら、関係代名詞を選びましょう。

130. Aloganics is a business ------- products are healthier than ice creams made by other manufacturers.

(A) what
(B) whose
(C) which
(D) when

 空所後に欠けているのは？

 TOEICの世界には、インスタ映えするアイスクリームは存在しない。

選択肢に関係詞が並んでいる問題を解く際は、空所の前後で2文に分けて考えるのが基本です。まず、Aloganics is a business. は文の要素がそろったカタチです。空所後も、products are healthier than〜.のカタチで、主語や目的語は欠けていません。関係代名詞の(A)(C)は、主語や目的語が欠けたカタチが後に続くので、正解候補から外れます。次に、先行詞businessを、所有格its(その)に変えて、後ろの節に入れると、Its products are healthier than〜.となり、文が成立します。したがって、所有格の関係代名詞(B) whoseが正解です。「会社⇦その製品が他のメーカーが作るアイスクリームよりヘルシーな」と、先行詞のbusinessに後ろから形容詞のカタマリ(形容詞節)をつないでいます。接続詞の(D)「〜するとき」を空所に入れると文意が通じません。

訳：Aloganicsの製品は、他のメーカーが作るアイスクリームよりヘルシーだ。

金のルール 72

関係詞の問題は、2文に分けて考えるのが基本。

Part 5の選択肢に関係詞が並んでいたら、空所の前後で2文に分けて考えましょう。先行詞が後ろの節で、主語の位置に入る場合は「主格」、目的語の位置に入る場合は「目的格」、名詞の前で「誰の〜」という意味を表す場合は所有格の関係代名詞を選ぶのが基本です。後ろの節の主語・目的語・所有格が欠けておらず、文の要素がそろったカタチなら、関係副詞や接続詞が正解候補になります。

131. Madras & Associates specializes
in ------- that help clients optimize
workplace efficiency and profitability.

(A) strategy
(B) strategic
(C) strategically
(D) strategies

 選択肢に単数形と複数形の名詞があります。

TOEIC の世界には、業務効率と利益のみを追求するブラック企業は存在
しない。

131. 正解 (D) strategies

選択肢を見ると、一見、関係代名詞とは無関係な品詞問題に思えますが、そうではありません。まず、空所には、前置詞inの目的語となる名詞が必要なので、(A)(D)が正解候補です。次に、空所後のthatに注目します。直後に述語動詞helpが続いているので、このthatは主格の関係代名詞(「名詞that V」のカタチのthatは主格の関係代名詞)で、空所が先行詞です。主格の関係代名詞の先行詞と、直後の述語動詞との間にはSVの関係があり、主述が一致します。ここでは、現在形の述語動詞helpに3単現のsが付いていないので、先行詞は複数形の名詞です。したがって、(D) strategies (戦略) が正解です。単数形の(A)は主述が合いません。(B)「戦略的な」は形容詞、(C)「戦略的に」は副詞です。

□ **specialize** 動 専門にする　　□ **optimize** 動 最適化する
□ **efficiency** 名 効率　　□ **profitability** 名 利益性

訳：Madras & Associatesは、顧客が職場の効率と利益性を最適化するのに役立つ戦略を専門にしている。

金のルール 73

**主格の関係代名詞の先行詞と、
直後の述語動詞は主述が一致する。**

主格の関係代名詞の先行詞と、直後の述語動詞との間には、SVの関係があり、主述が一致します。本試験では、主格の関係代名詞の先行詞や述語動詞の部分が空所になっていて、正しく主述が一致する名詞や述語動詞を選ぶ問題も出題されます。この問題のように、述語動詞の3単現のsの有無がポイントになることもありますので、注意しましょう。

132. ------- who has not yet registered for
the Virtual Energy Forum should do so
by the end of today.

(A) Those
(B) Other
(C) They
(D) Anyone

 who だから those でいいでしょうか？

 TOEIC の世界には、討論会でケンカ腰になる人は存在しない。

　まず、空所には、直後の主格の関係代名詞whoの先行詞になる「人」を表す代名詞が必要なので、(A)(D)が正解候補です。(B)「他の」は形容詞で、other forums (他の討論会) のように名詞を修飾します。人称代名詞の(C)は単独で用いられ、関係代名詞を伴いません。次に、主格の関係代名詞whoの直後の述語動詞を見ると、<u>has</u> not registeredと、3単現のsが付いています。つまり、先行詞は単数名詞なので、単数扱いの代名詞(D) Anyone (誰でも) が正解です。Anyone who has not ～で、「まだ～していない人は誰でも」という意味です。(A) Those は複数扱いなので、Those who <u>have</u> not ～のカタチでないと主述が合いません (thoseはthatの複数形です)。本試験で類題が出たら、whoを見て反射的にthoseを選ばず、必ず述語動詞のカタチを確認しましょう。

訳：Virtual Energy Forum にまだ登録していない人は、今日中にそうしてください。

金のルール 74

代名詞の those は複数扱い。

　代名詞のthoseは、複数形の名詞の代わりに用いられるほか、those who (～する人々) のカタチで頻出します。thoseは複数扱いなので、those whoのカタチでは、those who <u>want</u> to attend the eventのように、述語動詞に3単現のsは付きません。また、whoが付かないthose単体で用いられる場合、 those attending the eventや those interested in attending the eventのように、修飾語として、分詞や形容詞を伴います。

133. The supermarket owner's decision to close the business disappointed ------- who live in the neighborhood.

(A) everyone
(B) many
(C) another
(D) nobody

 空所後のliveとカタチが合うのは？

TOEICの世界では、たとえ自分の店が閉店しても、恨みつらみを述べる人は存在しない。

133. 正解 (B) many

The supermarket owner's decision が主語で、disappointed が過去形の述語動詞です。空所には、他動詞 disappointed（〜を落胆させた）の目的語の代名詞が必要です。選択肢は、すべて代名詞の機能を持ち、空所後の主格の関係代名詞 who の先行詞の「人」を表すことができます。主格の関係代名詞の先行詞と、直後の述語動詞との間には SV の関係があるので、who の後を見ると、現在形の述語動詞 live に3単現の s が付いていません。したがって、主述が一致するのは、複数扱いの代名詞 (B) many（多くの人）です。many は、この「多数の人、多数のモノ」を表す代名詞としても頻出します。(A)「全員」、(C)「もう一人」、(D)「誰も〜ない」は単数扱いなので、everyone/another/nobody who lives in the neighborhood と、述語動詞に3単現の s が必要です。

□ **disappoint** 動 落胆させる
□ **neighborhood** 名 （市や町の）地域

訳：店を閉めるという、そのスーパーのオーナーの決定は、地域住民の
　　多くを落胆させた。

金のルール 75

注意が必要な many と much の用法。

many（多数の、多数）と much（たくさんの、たくさん）は、名詞を修飾する「数」の問題や、代名詞としての出題例もあります。

● many supermarkets（複数名詞を修飾）

● much time（不可算名詞を修飾）

● many of the people are 〜.（複数扱い）

● much has been said about 〜.（単数扱い）

134. Please fill out the customer satisfaction survey and leave it with ------- is working at the front desk.

(A) those

(B) who

(C) anyone

(D) whoever

💡 先行詞の有無と空所後のVがポイントです。

 TOEICの世界では、アンケートで改善点の指摘はあっても、個人に対する名指しの批判はない。

134. 正解 (D) whoever

　選択肢中、直後に述語動詞を伴いつつ、前置詞withの目的語となる名詞のカタマリ（名詞節）を作るのは、複合関係代名詞の(D) whoever（〜する人は誰でも＝anyone who）です。ここでは、whoever（＝anyone who）is working at the front deskで、「受付で働いている人なら誰でも」という意味です。whoeverは、先行詞を中に含みつつ、文の主語や目的語になる名詞節を作ります（先行詞は不要です）。(A)「人々」と(C)「誰でも」は代名詞で、空所に入れると、前置詞withの後にSVが続くカタチになり、文が成立しません。主格の関係代名詞(B) who は、leave it with anyone who〜のように、「人」を表す先行詞が必要です。

□ **fill out** 〜に記入する　　□ **survey** 名 調査

訳：顧客満足度調査にご記入いただき、受付で働いている者に預けてください。

金のルール 76

those と anyone、whoever の文法的な違いに注意。

　これらの文法的な違いがポイントの問題は、定期的に出題されます。後に続くカタチの違いを頭に入れましょう。

those （代名詞：複数扱い）
- those <u>working</u> at the front desk / those <u>who</u> <u>work</u> at the front desk

anyone （代名詞：単数扱い）
- anyone <u>working</u> at the front desk / anyone <u>who</u> <u>works</u> at the front desk

whoever （複合関係代名詞：単数扱い）
- whoever <u>is working</u> at the front desk / whoever <u>works</u> at the front desk

135. Much of the redecorating was done in the room ------- Mr. Wilson often has tea with his friends.

(A) where
(B) which
(C) what
(D) whose

 空所後は文の要素がそろっています。

TOEICの世界には、水、コーヒー、ティー、お茶、ジュース程度しか飲み物は存在せず、アルコール飲料は存在しない。

135. 正解 (A) where

文頭から空所前が節 (SV) で、空所後は、Mr. Wilson が主語、has が述語動詞、tea が目的語と、文の要素がそろったカタチです。選択肢中、先行詞の「場所」に、後ろから文の要素がそろったカタチをつなげるのは、関係副詞の (A) where です。「部屋⇐Wilson さんがよく友人とお茶を飲む」と、room という先行詞を説明する形容詞のカタマリ（形容詞節）を作っています。関係副詞は、Mr. Wilson often has tea with his friends <u>there</u>. のように、後に続く形容詞節の中で、先行詞が副詞の役割をします。関係代名詞の (B)(C)(D) は、主語・目的語・所有格が欠けたカタチが続きます。

□ **redecorating** 名 模様替え

訳：模様替えの多くは、Wilson さんがよく友人とお茶を飲む部屋で行われた。

金のルール 77

**関係代名詞の後は「不完全」、
関係副詞の後は「完全」なカタチが続く。**

関係詞問題では、空所後に、主語・目的語・所有格の欠けたカタチが続いていたら関係代名詞、文の要素がそろったカタチが続いていたら関係副詞を選ぶのが基本です。特に、関係副詞 where と、関係代名詞 which/that の、後に続くカタチの違いに注意しましょう。

● This is the place │ where │ I first met Taro.
　※O が欠けていない。
● This is a place │ that/which │ I have recently visited.
　※他動詞 visit の O が欠けている。

◀ 136

136. The president only wants to hear the opinions of managers ------- work closely with employees.

(A) they
(B) whose
(C) those
(D) who

◀ 137

137. At the awards banquet, Mr. Santiago expressed his gratitude to Professor Mary Cho, ------- help in his research was invaluable.

(A) that
(B) whose
(C) her
(D) who

136. 正解 (D) who

文頭から空所前が節 (SV)、空所後が述語動詞workで主語が欠けています。空所に主格の関係代名詞(D) who を入れると、managers who work closely with employees (管理職⇔従業員と密に仕事をしている) と、先行詞managersを説明する形容詞のカタマリができて正しい英文が完成します。所有格の関係代名詞の(B)は、managers whose work is ～のように、直後に名詞を伴います。代名詞の(A)(C)は、接続詞無しで前後をつなげません。

□ **opinion** 名 意見　　□ **closely** 副 密に

訳：社長が聞きたいのは、従業員と密に仕事をしている管理職の意見だけだ。

137. 正解 (B) whose

空所前が節 (SV) で、空所以降がMary Choという人物の説明です。まず、人称代名詞の(C)は、接続詞無しで前後をつなげないので、正解候補から外れます。残る選択肢は、関係代名詞として、先行詞の「人」を後ろから説明する形容詞節を作れるので、空所で2文に分けて考えます。先行詞のMary Choを所有格のHerに変えて空所に入れると、Her help in his research was invaluable. と正しい英文が完成するので、所有格の(B) whose が正解です。主格・目的格の(A)は主語または目的語、主格の(D)は主語が欠けたカタチが続きます。

□ **awards banquet** 受賞夕食会　　□ **express** 動 表す
□ **gratitude** 名 感謝　　□ **invaluable** 形 計り知れない価値がある

訳：受賞夕食会で、Santiagoさんは、その助けが彼の研究において計り知れない価値があったMary Cho教授に対し、感謝の意を表した。

◀ 138

138. An ancient myth was the theme that Erica Akin returned to ------- during her years as a watercolor artist.

(A) repeat
(B) repetition
(C) repeatable
(D) repeatedly

◀ 139

139. Mr. Miller has joined the awards committee, ------- consists of eight distinguished scholars in the field of chemistry.

(A) it
(B) which
(C) that
(D) what

138. 正解 (D) repeatedly 　　　　　　　　　金のルール72

　関係代名詞がポイントの品詞問題です。目的格の関係代名詞thatの前後で2文に分けて考えます。thatの先行詞theme を代名詞itに変え、関係詞節の前置詞toの目的語の位置に戻します。Erica Akin returned to it -------. この空所に入れて正しい文が成立するのは、述語動詞returnedを修飾する副詞の (D) repeatedly（たびたび）です。「テーマ⇐Sがたびたび立ち返った」と、that以降がthemeを説明する形容詞節を作っています。(A) は「繰り返す」という動詞か「再発」という名詞、(B)「繰り返し」は名詞、(C)「繰り返し可能な」は形容詞です。いずれも空所に入れると文が成立しません。

□ **ancient** 形 古代の　　　□ **myth** 名 神話
□ **theme** 名 テーマ　　　□ **watercolor artist** 水彩画家

訳：古代の神話は、Erica Akinが、水彩画家としての長年の間にたびたび立ち返るテーマだった。

139. 正解 (B) which 　　　　　　　　　金のルール70

　空所前が節（SV）、後が述語動詞consistsで主語が欠けています。空所に主格の関係代名詞(B) whichを入れると、「表彰委員会⇐〜で構成される」と、先行詞the awards committeeを補足説明する形容詞のカタマリができ、正しい英文が完成します。注意点として、関係代名詞の(C) thatは、直前にカンマを置いたこのカタチでは用いられません。「カンマの後に関係代名詞のthatは置けない」と頭に入れましょう。(A) は接続機能のない代名詞です。関係代名詞の(D)は先行詞が不要で、名詞のカタマリを作ります。

□ **awards committee** 表彰委員会　　□ **consist of** 〜で構成される　　□ **distinguished** 形 著名な、名高い
□ **scholar** 名 学者　　□ **chemistry** 名 化学

訳：Millerさんは、化学の分野の著名な8名の学者で構成される表彰委員会に加わった。

140. When Mr. Robinson applied for
a building permit, he provided a
document that ------- that he owns the
land.

(A) proves
(B) proving
(C) is proved
(D) to prove

141. ------- would like to attend Professor
Howard's seminar on May 8 should sign
up for it by Friday.

(A) Whenever
(B) Wherever
(C) Whatever
(D) Whoever

140. 正解 (A) proves　　　　　　　　🚅 金のルール73

　文全体は、When SV, SV. のカタチです。カンマ後の節
(SV) を見ると、he provided a document までが文の要素が
そろったカタチで、直後の that は主格の関係代名詞です。主
格の関係代名詞の直後には V が続くので、(A)(C) が正解候
補です。空所後に that he owns the land という目的語にな
る that 節（この that は接続詞）が続いているので、能動態の (A)
proves（証明する）が正解です。「書類⇦彼がその土地を所有
していることを証明する」と、関係代名詞 that 以降が、先行
詞 document の内容を説明する形容詞節を作っています。受
動態の (C) は目的語を伴いません。(B) は現在分詞・動名詞、
(D) は不定詞で、どちらも V にならないカタチです。

□ **apply for**　～を申請する　　□ **building permit**　建築許可証
□ **provide**　動 提供する

訳：Robinson さんは、建築許可証を申請した際、彼がその土地を所有
　　　していることを証明する書類を提供した。

141. 正解 (D) Whoever　　　　　　　　🚅 金のルール76

　空所から May 8 までが主語になる名詞のカタマリで、
should sign up が述語動詞です。選択肢中、主語になる名
詞のカタマリ（名詞節）を作るのは、複合関係代名詞の (C)(D)
です。このうち、直後の would like to attend（出席したい）
の主語として文意が通るのは、(D) Whoever（～する人は誰で
も = anyone who）です。(C)「～するモノは何でも（= anything
that）」は文意が通りません。複合関係副詞の (A)「いつでも」
と (B)「どこでも」は、副詞のカタマリ（副詞節）を作り、名詞
のカタマリ（名詞節）は作りません。

□ **sign up for**　～に申し込む

訳：Howard 教授の 5 月 8 日のセミナーに出席したい皆さんは、金曜日
　　　までに申し込んでください。

142. As consumers seek to reduce their expenses, the number of cars that ------- has risen significantly.

(A) leased
(B) is leased
(C) are being leased
(D) are leasing

143. Online shoppers can choose home delivery or in-store pickup, ------- is more convenient.

(A) whereas
(B) if
(C) whichever
(D) either

142. 正解 (C) are being leased 　　　　　金のルール73

文全体は、As SV, SV.のカタチです。カンマ後の節 (SV) を見ると、the numberが主語で、ofから空所までが修飾語、has risenが述語動詞です。空所前のthatは主格の関係代名詞で、先行詞が複数名詞cars、空所にはそのVが必要です。carsとlease (~をリースする) との間には、「車がリースされる」という受動の関係があるので、現在進行形の受動態 (C) are being leased (リースされている) が正解です。「車⇦リースされている」と、that are being leasedという形容詞のカタマリが、carsを後ろから説明しています。leaseは他動詞なので、能動態の(A)(D)は目的語が必要です。受動態の(B)は複数形の先行詞と主述が合いません。

□ **seek to do**　~しようとする　　□ **expense**　名 支出
□ **rise**　動 上がる　　□ **significantly**　副 大幅に、かなり

訳：消費者が支出を減らそうとするにつれて、リースされる車の数がかなり増えた。

143. 正解 (C) whichever 　　　　　金のルール71

選択肢に関係詞と代名詞、接続詞が混在しているので、文のカタチを確認します。文頭からカンマまでが文の要素がそろった節 (SV) で、空所には述語動詞isの主語が欠けています。選択肢中、主語の役割をしつつ、節に補足説明を加える副詞のカタマリ (副詞節) を作ることができるのは、複合関係代名詞の(C) whichever (どちらが~しようと) です。ここでは、「宅配か店内受け取り、どちらがより便利でも」という意味です。(A)「~であるのに対して」と(B)「もし~なら」は2つの節をつなぐ接続詞です。(D)は、「(2つの) どちらか (も)」の意味の代名詞か形容詞、either X or Y (XかYのどちらか) のペア表現、否定文で「~も~ない」の意味の副詞で用いられます。

訳：オンラインでお買い物されたお客様は、宅配か店内受け取りか、どちらがより便利でも、お選びいただけます。

◀ 144

144. Across from the train station, visitors can access the seafood market ------- which the town is renowned.

(A) for
(B) as
(C) to
(D) about

◀ 145

145. Mr. Anderson found a location for his new office that he thinks ------- all of his requirements.

(A) meet
(B) meets
(C) meeting
(D) to meet

144. 正解 (A) for　　　　　　　　　　　　　金のルール72

　関係代名詞の直前の空所に適切な前置詞を選ぶタイプの問題も、空所の前後で2文に分けて考えます。まず、空所と目的格の関係代名詞whichをまとめて関係詞節の末尾に戻します。次に、先行詞 (the seafood market) を代名詞 (it) に変え、whichと置き換えます。すると、「The town is renowned ------- it.」となります。この空所に入れて正しい英文が完成する前置詞は、(A) for です。be renowned for X は「X で有名だ」という意味です。(B) は、be renowned as X で「X として有名だ」という意味を表しますが、町と海鮮市場はイコールではないので意味が通じません。(C)(D) はいずれも renowned とセットで用いられません。

□ **across from X**　Xの反対側に　　　□ **renowned**　形 名高い、有名な

訳：その駅の反対側で、観光客は、その町の有名な海鮮市場に行ける。

145. 正解 (B) meets　　　　　　　　　　　　金のルール73

　問題文は、主格の関係代名詞thatの後に、he thinks という節が挿入されたカタチです。「a location (for his new office) that (he thinks) ------- ～」と、修飾語と挿入部分をカッコでくくると、空所には、先行詞a location と主述が一致する述語動詞が必要だとわかります。したがって、3単現のsが付いた現在形の(B) meets (満たす) が正解です。念のため、先行詞を代名詞itに変えて、後ろの節に戻すと、He thinks it meets ～. (彼はそれが～を満たしていると思っている) となり、文が成立します。(A) は先行詞と主述が一致せず、(C)(D) はVにならないカタチです。

□ **requirement**　名 必要条件

訳：Andersonさんは、すべての必要条件を満たしていると思う新しいオフィスの場所を見つけた。

第7章

その他の問題

「ペア」「数」
「語法」を意識!

◀ 146

146. Submit your photographs ------- by sending them as e-mail attachments or by uploading them to our Web site.

(A) either
(B) both
(C) neither
(D) but

💡 TOEIC定番の「ペア問題」です。

 TOEICの世界には、「ペア問題」は存在するが、カップルの「ペアルック」や「ペアリング」は存在しない。

Part 5で年数問、出題される「ペア問題」です。選択肢は
いずれも、他の語とペアで用いられることがあります。文後
半のorとペアになるのは、(A) eitherです。either X or Yの
カタチで、「XかYかどちらか」という意味を表します。ここ
では、「メールの添付ファイルで送るか、ウェブサイトにア
ップするかどちらか」という意味です。(B)は、both X and
Yのカタチで、「XもYもどちらも」の意味を表します。例：
Both you and I should go.（私もあなたもどちらも行くべきです）
(C)は、(A)にnotのnを付けた、neither X nor Yのカタチ
で、「XもYもどちらも〜ない」という意味を表します。例：
Neither you nor I should go.（あなたも私も行くべきではない）
(D)は、not only X but (also) Yのカタチで、「Xだけでなく
Yも」の意味を表します。例：He is not only a teacher but
also a writer.（彼は教師であるだけでなく、作家でもある）

□ **submit** 動 提出する　　□ **attachment** 名 添付ファイル

訳：写真は、メールの添付ファイルとして送るか、我々のウェブサイト
　　　上にアップロードするかどちらかでご提出ください。

金のルール78

覚えておきたいPart 5に出るペア表現。

● both X and Y （XもYもどちらも）

● either X or Y （XかYかどちらか）

● neither X nor Y （XもYもどちらも〜ない）

● not only X but (also) Y （XだけでなくYも）

● not only X but Y as well （XだけでなくYも）

● whether X or Y （XであろうとYであろうと、XかYか）

147. At Sangson Automotive, we continuously seek ways to become more sustainable in ------- facets of our business.

(A) all
(B) another
(C) much
(D) every

 空所後の名詞が複数形です。

 TOEICの世界には、環境にやさしい企業しか存在しない。

147. 正解 (A) all

　こうした単語がPart 5で選択肢に並んでいたら、「数」がポイントです。空所後の名詞が可算名詞か不可算名詞か、可算名詞なら単数形か複数形かをチェックしましょう。ここでは、空所後が、可算名詞の複数形facets (面) です。選択肢中、複数形の名詞を修飾できるのは(A) all (すべての) です。in all facets of Xで、「Xのあらゆる面において」という意味です。(B) another (もう1つの) は、another facet (もう1つの面) のように可算名詞の単数形を修飾します。(C) much (たくさんの) は、much money (たくさんのお金) のように不可算名詞を修飾します。(D) every (すべての) は、every day (毎日) のように可算名詞の単数形を修飾します。

□ **automotive** 名 自動車　　□ **sustainable** 形 持続可能な

訳：Sangson自動車では、ビジネスのあらゆる面において、より持続可能になるための方法を常に探し求めています。

金のルール 79

頭に入れたい「数」を表す語句。

〈数の問題〉に出題される語句一覧 (×は修飾できない名詞)

単語	可算名詞		不可算名詞
	単数形	複数形	
all (すべての)	×	all books	all information
each (それぞれの)	each book	×	×
every (すべての)	every book	×	×
many (多くの)	×	many books	×
much (たくさんの)	×	×	much information
most (ほとんどの)	×	most books	most information
few (少数の)	×	few books	×
several (いくつかの)	×	several books	×
another (もう1つの)	another book	×	×
other (ほかの)	×	other books	other information
the other (そのほかの)	the other book	the other books	the other information

148. Candidates for the snow removal position must be ------- to work on December 25.

(A) possible
(B) convenient
(C) available
(D) easy

💡 主語の「人」の状態を表せるのは？

 TOEICの世界では、雪は降るが、雪だるまを作って遊んだり、除雪で怪我をしたりする人は存在しない。

選択肢に異なる形容詞が並んでいるので、一見語彙問題です。しかし、「その除雪の職の候補者は、12月25日に働くために ------- なければならない」と和訳すると、選択肢の単語は、どれも空所に入りそうに思えます。そこで、「語法」の視点に切り替えます。選択中、candidates（候補者）のような「人」の補語として、主語とイコールになるのは、(C) availableです。availableは、「人」が主語の場合、「都合が付けられる」という意味です。「人以外」が主語の場合は、「入手できる、購入できる、利用できる」といった意味になります。「手に入れようと思えば入れられる、買おうと思えば買える、都合を付けようと思えば付けられる」といったイメージのTOEIC超頻出語です。その他の選択肢は、いずれも「人」が主語の場合の補語になりません。「it is possible/convenient/easy for 人 to do」のカタチで、「～するのは誰々にとって可能・便利・簡単だ」という意味を表します。

□ **candidate** 名 候補者　　□ **removal** 名 除去、撤去

訳：除雪の職の候補者は、12月25日に勤務する都合が付けられなければならない。

金のルール 80

**「意味」で解けない問題は、
「語法」に視点を切り替える。**

Part 5では、「自動詞 or 他動詞」「特定の文型や that 節をとる動詞を選ぶ」「補語の用法を持つ形容詞を選ぶ」といった語法問題もときどき出題されます。「意味」を考えると答えが絞りづらい場合、「語法」に視点を切り替えることを意識しましょう。

149. Shannon Bremmer's hit album *Starlite Motions* ------- her an award at the Sydney Music Awards last night.

(A) achieved
(B) earned
(C) made
(D) honored

💡 空所後に目的語が2つ続いています。

 TOEICの世界には、作品の売り上げ不振に苦悩するアーティストや著者は存在しない。

149. 正解 (B) earned

一見語彙問題ですが、意味を考えると、複数の選択肢が正解になりそうなので、「語法」の視点に切り替えます。すると、空所後に、her an award と、目的語が2つ続いています。選択肢中、こうしたSVOOのカタチをとれる動詞は(B) earned です。earnは、earn money (お金を稼ぐ) やearn a reputation (評判を得る) といったSVOのカタチに加えて、「earn 人 モノ」のSVOOのカタチで、「人に (ふさわしい) モノをもたらす、獲得させる」の意味を表します。ここでは、「ヒットアルバムが彼女に賞をもたらした」という意味です。(A)「~を達成する」はachieve a goal (目標を達成する)、(D)「~を称える、(契約等) を守る」はhonor an employee (社員を称える) やhonor a contract (契約を守る) のようにSVOのカタチで用いられます。(C)は、He made me dinner. (彼は私に夕食を作った) のようなSVOOのカタチにはなりますが、ここでは文意が通じません。

訳：Shannon Bremmerのヒットアルバム『Starlite Motions』は、昨晩、Sydney音楽賞で彼女に賞をもたらした。

金のルール 81

注意したい二重目的語をとる動詞。

earn以外に、以下の動詞も頭に入れましょう。

● Ohtani's efforts won him the MVP award. (勝ち取らせる)

● The company granted him approval. (与える)

● The judge awarded her first prize. (授与する)

● They offered me a job. (オファーする)

● I'll assign you a password. (割り当てる)

150. After the renovation, the stylish décor
will make the dining experience -------
more enjoyable for our guests.

(A) very
(B) enough
(C) better
(D) even

 空所後が形容詞の比較級です。

 Part 5の旅も、もうすぐ終点です。皆様にとってこの旅が、有意義なもの
であったことを願っています。またの乗車を心よりお待ちしております。

150. 正解 (D) even

　文全体のカタチを見ると、the stylish décorが主語 (S)、will makeが述語動詞 (V)、the dining experienceが目的語 (O)、enjoyableが補語 (C)のSVOCのカタチです。選択肢中、空所後の形容詞の比較級more enjoyableを強調できる副詞は、(D) even (さらに、より) です。ここでは、even more enjoyableで、「今までも楽しかったが、より一層楽しくなる」といったニュアンスを表しています。(A)「とても」は、The dinner was very enjoyable.のように形容詞の原級を修飾します。比較級は修飾しないので注意しましょう。副詞の(B)「十分に」は、形容詞を修飾する際、The restaurant is big enough for our party.のように、形容詞の後に来る語法が重要です。(C)は形容詞や副詞の比較級で、moreと重複して用いられません。a better dining experience (より良い食事の経験) のように、単独で比較の意味を表します。

□ **renovation** 名 改装　　□ **décor** 名 装飾品

訳：改装後、おしゃれな装飾品が、当店のお客様にとっての食事の経験を、より一層楽しくするでしょう。

金のルール 82

覚えておきたい比較級を強調する副詞。

　比較級を強調する副詞として、even (さらに)、much/far (はるかに) の3つを押さえましょう。

● The show was <u>even</u> better than I expected.
● Our new office will be <u>much</u> bigger than the current one.
● The new system is <u>far</u> better than the old one.

実戦問題 (Q151～Q160)

◀ 151

151. Some Denver stores operate around the clock, but ------- remain open at night outside the city.

(A) each
(B) other
(C) few
(D) much

◀ 152

152. Denton Publishing is ------- to environmentally friendly practices including the recycling of used paper.

(A) expected
(B) intended
(C) hoped
(D) committed

151. 正解 (C) few　　金のルール79

　文全体は、SV, but SV.のカタチです。後半の節を見ると、空所には、述語動詞remainの主語が必要です。現在形の述語動詞に3単現のsが付いていないので、主述が一致するのは、複数扱いの代名詞(C) few(少数)です。few remain openで、「ほとんどが開いていない」という意味です。fewは形容詞として、few storesのように複数名詞を修飾する用法も押さえましょう。代名詞の(A)「1つ1つ」と(D)「多くのこと」は、主語になりますが、単数扱いなので主述が合いません。(B)「他の」は名詞を修飾する形容詞です。

□ **operate** 動 営業する　　□ **around the clock** 24時間

訳：Denverには24時間営業の店もあるが、市外では夜間営業している店はほとんどない。

152. 正解 (D) committed　　金のルール30

　一見語彙問題ですが、意味を考えると正解が絞り込めません。そこで、「語法」に視点を切り替えます。空所後のtoの後に、environmentally friendly practices (環境にやさしい活動) という名詞が続いているので、このtoは前置詞です。選択肢中、前置詞toを伴うのは、(D) committedです。be committed to Xで「Xに尽力している」という意味です。(A)は、be expected to do (～する予定だ)、(B)は intend to do (～するつもりだ)、(C)は hope to do (～したいと望む)のように、いずれも不定詞を伴います。

□ **environmentally friendly practices** 環境にやさしい活動
□ **including** 前 ～を含む

訳：Denton出版は、使用済みの紙のリサイクルを含む、環境にやさしい活動に尽力している。

153. ------- are the business seminars free to attend in person, but they can also be viewed live online.

(A) Not only
(B) Additionally
(C) Only when
(D) Besides

154. All guests receive a breakfast voucher that can be used at ------- of the two hotel restaurants.

(A) some
(B) every
(C) other
(D) either

153. 正解 (A) Not only　　金のルール 78

　空所後からカンマまでの節 (SV) を見ると、述語動詞are の後に主語の the business seminars が続き、その後に補語の形容詞free が続く疑問文の語順になっています。選択肢中、こうした倒置形になるのは、(A) Not only です。「Not only VS, but ～. (SがVするだけでなく～)」のように、not only が文頭に出ると、倒置形が続くことがあると頭に入れましょう。カンマ後に but also があるので、not only X but also Y (XだけでなくYも) のペアを見つけて解くこともできます。副詞の(B)「加えて」、接続詞の(C)「～するときだけ」、前置詞・副詞の(D)「その上」は、いずれも倒置形を伴わず、通常の語順になります。

□ **in person**　直接

訳：そのビジネスセミナーは直接無料で参加できるだけでなく、オンラインで、ライブで観ることもできる。

154. 正解 (D) either　　金のルール 79

　選択肢の並びから、「数」を意識します。空所には、前置詞atの目的語になる代名詞が必要なので、(A)(D)が正解候補です。空所後に、of the two hotel restaurants (ホテルの2つのレストランのうちの) とあるので、2つの「どちらか、どちらも」という意味を表す代名詞の(D) eitherが正解です。代名詞の(A)「いくつか」は、3以上の不特定の数を表します。(B)「すべての」と(C)「ほかの」は、every guest/other guestsのように名詞を修飾する形容詞です。

□ **voucher**　名 無料券、引換券

訳：お客様は全員、ホテルの2つのレストランのどちらでも使える朝食の引換券を受け取ります。

155. The luncheon will provide a unique opportunity to ------- acquainted with attorneys from a variety of Jakarta law firms.

(A) become
(B) develop
(C) learn
(D) know

156. Whether the golf tournament will be held in Scotland ------- Wales has yet to be decided.

(A) if
(B) or
(C) so
(D) neither

155. 正解 (A) become 　　　　　　　金のルール 80

空所後の形容詞 acquainted (知り合いの) がポイントです。選択肢中、唯一、形容詞を補語にとる SVC のカタチになる動詞が (A) become です。become acquainted with X で「X と知り合いになる」という意味です。(B) は、develop a new product (新製品を開発する) や develop a plan (計画を作り上げる) のように、主に SVO のカタチで用いられます。(C)(D) は、learn / know (about) X や learn / know how to do といったカタチになります。選択肢にバラバラの動詞が並んでいて、意味で正解が絞れない場合、文型も意識しましょう。

□ **luncheon** 名 昼食会　　□ **unique** 形 他にはない
□ **opportunity** 名 機会　□ **acquainted** 形 知り合いの、精通している　　□ **attorney** 名 弁護士　□ **a variety of** さまざまな

訳：その昼食会は、さまざまな Jakarta の法律事務所の弁護士と知り合いになる、他にはない機会を提供するだろう。

156. 正解 (B) or 　　　　　　　金のルール 78

文頭の接続詞 whether とペアになり、「かどうか」という意味の名詞のカタマリ (名詞節) を作るのが (B) or です。ここでは、「S が開催されるのが Scotland か Wales かは」という意味の主語のカタマリを作っています。whether は、whether or not (かどうか：名詞節、であろうと：副詞節) のカタチも重要です。例：They haven't decided <u>whether</u> to hold the tournament in Scotland <u>or not</u>. (Scotland で開催するかどうか)　<u>Whether</u> the tournament will be held in Scotland <u>or not</u>, I will participate. (Scotland で開催されようとなかろうと) 正解以外の選択肢は whether とペアになりません。

□ **has / have yet to do** まだ〜していない

訳：そのゴルフトーナメントが開催されるのが、Scotland か Wales かはまだ決まっていない。

157. Radio advertising has ------- to be highly effective for reaching certain types of consumers.

(A) proven
(B) handled
(C) ensured
(D) taken

158. Calvelo Pharma's latest advertising campaign ------- in a significant increase in sales of its health supplements.

(A) generated
(B) resulted
(C) caused
(D) included

157. 正解 (A) proven

金のルール 80

選択肢中、直後に不定詞を伴うのは、動詞 prove の過去分詞 (A) proven です。prove to be のカタチで「～だと判明する、～だとわかる」という意味を表します。ここでは、「ラジオ広告が非常に効果的だとわかった」という意味です。to be が省略された、S has proven effective. のような SVC のカタチも語法問題で狙われます。(B) は handle X (X を扱う)、(C) は ensure X (X を保証する) や ensure that SV (S が V することを保証する)、(D) は take X (X を取る) といったカタチで用いられ、能動態で直後に不定詞は伴いません。

□ **highly** 副 非常に   □ **effective** 形 効果的な
□ **reach** 動 情報を伝える   □ **certain** 形 決まった、特定の
□ **consumer** 名 消費者

訳：ラジオ広告は、特定のタイプの消費者に情報を伝えるのに非常に効果的だと判明した。

158. 正解 (B) resulted

金のルール 80

選択肢中、空所後の前置詞 in とセットで用いられる自動詞は、(B) resulted です。result in X で「X (という結果) につながる」という意味です。result from X (X に起因する) も合わせて覚えましょう。(A) は generate X (X を生み出す)、(C) は cause X (X を引き起こす)、(D) は include X (X を含む) のように、直接目的語を伴う他動詞です。「自動詞 or 他動詞」問題で狙われる自動詞として、inquire about X (X について尋ねる) と proceed to X (X に進む)、work for/at X (X で働く) も押さえましょう。

□ **latest** 形 最新の   □ **significant** 形 大幅な、かなりの
□ **supplement** 名 栄養補助食品、サプリ

訳：Calvelo Pharma の最新の広告キャンペーンは、自社の健康栄養補助食品の大幅な売り上げ増につながった。

159. Artificial intelligence is being incorporated into marketing tools that ------- users anticipate consumer needs.

(A) support
(B) enable
(C) allow
(D) help

160. Merchandise purchased ------- stores or online can be returned to any Nauticon outlet location.

(A) both
(B) either
(C) in
(D) but

159. 正解 (D) help　金のルール 80

空所後の名詞usersに続く原形動詞anticipateがポイントです。動詞の(D) helpは、help O (to) doと、目的語の後にto不定詞または原形動詞を伴い、「Oが～するのを助ける」という意味を表します。ここでは、help users anticipate consumer needsで、「ユーザーが消費者のニーズを予想するのを助ける」という意味です。(A)はsupport O in doing (Oが～するのを支援する)、(B)はenable O to do (Oが～するのを可能にする)、(C)はallow O to do (Oが～するのを可能にする) といったカタチで用いられます。いずれも目的語の後に原形動詞が続くカタチにはなりません。

□ **incorporate** 動 取り入れる、組み込む
□ **anticipate** 動 予想する

訳：人工知能 (AI) は、ユーザーが消費者のニーズを予想するのを手助けするマーケティングツールに取り入れられつつある。

160. 正解 (C) in　金のルール ∞

本書の最後は、「ルール破り」の問題です。空所後のorを見て、反射的に(B)を選びませんでしたか？ either X or Y (XかYか) のカタチでは、eitherは単なる強調で、なくても文が成立します。ここでは、空所を除くと文が成立しません。そこで、空所に前置詞(C) inを入れると、Merchandise purchased in stores or online (商品⇦店内またはオンラインで購入された) という主語を説明する形容詞のカタマリができて正しい英文になります (purchasedは過去分詞)。本書のルールを丸暗記するだけでなく、こうした問題にも柔軟に対応できる上級者を目指しましょう。

□ **online** 副 オンラインで　□ **outlet** 名 店

訳：店内またはオンラインで購入された商品は、Nauticonのどの店にも返品可能です。

コラム

TOEIC の文法問題　オススメ対策書

●『1駅1題　TOEIC® L&R TEST 文法特急』
（花田徹也 著／朝日新聞出版）

TOEIC の文法問題の頻出パターンが学べる定番書です。著者の非常にわかりやすく、ツボを押さえた解説は必読です。

●『TOEIC® L&Rテスト 文法問題 でる1000問』
（TEX加藤 著／アスク出版）

練習問題が1049問あります。大量のパターン練習を通じて、知識や解き方を定着させたい方にオススメです。

●『TOEIC® L&Rテスト 英文法 ゼロからスコアが稼げるドリル』
（高橋恭子 著／アルク出版）

本書の内容が難しすぎると感じた方は、まずこの本に取り組みましょう。

●『TOEIC® L&R TEST 900点特急 パート5&6』
（加藤優 著／朝日新聞出版）

ハイレベルな問題が詰まった一冊です。問題の質・解説共に、非常にクオリティが高く、730点以上の上級者にオススメです。

中学レベルの英文法の復習には、以下の本がオススメです。自分に合いそうなものを一冊選び、短期間で終わらせましょう。

●『中学英語をもう一度ひとつひとつわかりやすく。』
（山田暢彦 監修／学研プラス）

●『中学英文法 (スーパーステップ)』
（くもん出版）

●『改訂版 中学校3年間の英語が1冊でしっかりわかる本』
（濵﨑潤之輔 著／かんき出版）

金のルール 一覧

番号	ルール
1	品詞問題では、主語には名詞を選ぶ。
2	品詞問題で、空所が名詞以外を修飾していたら副詞を選ぶ。
3	主語を選ぶ品詞問題では、名詞の単複に注意。
4	名詞を選ぶ品詞問題では、「人」「人以外」の選択肢に注意。
5	品詞問題では、他動詞の目的語には名詞を選ぶ。
6	名詞が正解になる品詞問題では、何となく動名詞を選ばない。
7	品詞問題では、前置詞の目的語には名詞を選ぶ。
8	接続詞andを見たら、何と何をつないでいるのかを確認する。
9	品詞問題では、補語には形容詞が最優先。
10	品詞問題では、「副詞から -ly を取ったら形容詞」と頭に入れる。
11	補語を選ぶ品詞問題では、主語とイコールになる答えを選ぶ。
12	品詞問題で、空所が名詞を修飾していたら形容詞を選ぶ。
13	名詞を修飾する分詞を選ぶ際は、「する・される」の関係を考える。
14	名詞を前から修飾する分詞は、意味がわからなければ解けない。
15	品詞問題では、自動詞の後の空所には副詞を選ぶ。
16	品詞問題では、述語動詞の間の空所には副詞を選ぶ。
17	品詞問題では、be動詞と形容詞の間の空所には副詞を選ぶ。

番号	ルール
18	品詞問題では、文の要素がそろった文末の空所には副詞を選ぶ。
19	品詞問題で、注意が必要な語尾が-iveの名詞。
20	品詞問題では、「名詞＋名詞」の可能性も頭に入れる。
21	asとasの間が空所の品詞問題は、asとas以降を取って考える。
22	品詞問題で、空所が準動詞を修飾していたら副詞を選ぶ。
23	品詞問題で、空所が節や文全体を修飾していたら副詞を選ぶ。
24	形容詞は、冠詞を飛び越えて名詞を修飾できない。
25	可算名詞は、単数形なら冠詞等が必要。
26	押さえておきたいPart 5で狙われる倒置のパターン。
27	「冠 ------- 形 名」の空所には、形容詞が入る場合もある。
28	品詞問題で、注意が必要な語尾が-lyの形容詞。
29	findとmakeはSVOCのカタチに注意。
30	Part 5で注意したいtoの見分け。
31	動詞問題では、「SVの確認」「3単現のs」を意識する。
32	動詞問題では、「する・されるの関係」「目的語の有無」を意識する。
33	動詞問題では、「時のキーワード」に注目する。
34	動詞問題では、空所に入るのが述語動詞（V）か準動詞かを見極める。
35	動詞問題では、前置詞の目的語には動名詞を選ぶ。
36	名詞の後ろに分詞を選ぶ際は、空所後の目的語の有無に注目。
37	動詞問題で、原形動詞が正解になる基本パターンは7つ。

番号	ルール
38	時や条件を表す副詞節では、未来のことも現在形で表す。
39	依頼・提案等を表す動詞のthat節ではVが原形になる。
40	押さえておきたい現在完了形のキーワード。
41	過去完了形は、過去形とセット。
42	覚えておきたい現在分詞の3つの用法。
43	分詞構文では、主語と分詞との間にSVの関係がある。
44	動詞問題では、when/whileの直後には分詞を選ぶ。
45	Part 5で狙われるhaveとletの使役の用法。
46	頭に入れておきたい仮定法の公式。
47	「前置詞 or 接続詞」問題は、「文のカタチ」「意味のつながり」を考える。
48	whileは接続詞、duringは前置詞。
49	although / though / even thoughは接続詞、despite / in spite of / notwithstandingは前置詞。
50	接続詞becauseは必ず節 (SV) を伴う。
51	onceは接続詞としてもPart 5頻出。
52	thatは接続詞の目印。
53	Part 5で出題される、分詞を伴う接続詞。
54	名詞節を作る接続詞は、whether、if、thatの3つ。
55	「格」の問題では、主語の位置が空所なら主格を選ぶ。
56	「格」の問題では、名詞の前の空所には所有格を選ぶ。
57	同じ「格」が選択肢に並んでいたら、意味を考える。
58	空所が目的語なら、主語と同じ場合のみ、再帰代名詞を選ぶ。
59	文の要素がそろい、空所が名詞の前でない場合、再帰代名詞を選ぶ。
60	押さえておきたい所有格の定型表現。

番号	ルール
61	人称代名詞は修飾語を伴わない。
62	withinの基本イメージは「範囲内」。
63	throughoutは、「期間」と「場所」を伴う。
64	underの基本イメージは「下」。
65	intoは「変化」を表す。
66	overの基本イメージは「虹の架け橋」。
67	ofは「全体の一部」を表す。
68	uponは、「～したらすぐに、～時に」の意味で頻出。
69	熟語の問題は考え込まない。
70	関係代名詞の問題は、「先行詞」と「空所後のカタチ」がポイント。
71	関係代名詞と普通の代名詞の文法的な違いに注意。
72	関係詞の問題は、2文に分けて考えるのが基本。
73	主格の関係代名詞の先行詞と、直後の述語動詞は主述が一致する。
74	代名詞のthoseは複数扱い。
75	注意が必要なmanyとmuchの用法。
76	thoseとanyone、whoeverの文法的な違いに注意。
77	関係代名詞の後は「不完全」、関係副詞の後は「完全」なカタチが続く。
78	覚えておきたいPart 5に出るペア表現。
79	頭に入れたい「数」を表す語句。
80	「意味」で解けない問題は、「語法」に視点を切り替える。
81	注意したい二重目的語をとる動詞。
82	覚えておきたい比較級を強調する副詞。

音読用例文

🔊 161

1. The development of a new digital marketing strategy is on the agenda for this afternoon's meeting.

2. The Berovo Institute regularly publishes the results of its research in renowned scientific journals.

3. Full-scale development of the lightweight aircraft is set to begin in the spring of next year.

4. A nutritionist from Shaffer University will be discussing her latest research on food additives.

5. Ms. Hopkins shared her observations regarding the company's overseas operations with the other executive committee members.

6. Making an online payment with Paymodia is fast, easy, and safe.

7. Without written authorization from the patient, we are unable to release his medical records.

8. Mr. Gideon's article was revised for length and clarity before it was published in the newspaper.

9. When the community garden opened, locals were enthusiastic about having a place to grow their own vegetables.

10. All three candidates for the management position are confident in their ability to perform the job effectively.

11. ZhaoFlex Textile is now the world's leading manufacturer of bamboo fiber products.

12. Hybotech Corporation has built a solid reputation as a leading developer of hybrid-electric engines.

13. The annual All-Telecom Show is one of the most anticipated events in the telecommunications industry.

14. We are looking to hire a motivated individual who can build enduring relationships with our customers.

15. Sisson Labs continually integrates new technologies into the workplace so its employees can work more productively.

16. The Genesis 8-B Griller is generally regarded as the best gas barbecue on the market.

17. Since all the townhouses on Moore Street are nearly identical, Ms. Caldwell accidentally knocked on the wrong door.

18. With obesity rates on the rise, food companies must promote their breakfast cereals and snack items responsibly.

19. Dr. Hendrick's lecture will explore alternatives to current methods of supplying livestock with fresh water.

20. The festival coordinator will assign duties to each of the volunteers according to their task preference.

21. Vintage toy sellers must be as thorough as possible when detailing the condition of items in online auctions.

22. Pangflo Corp's new software program makes it easier for small businesses to accurately record sales and expenses.

23. Shortly after he joined the company, Shigeru Iwata created a best-selling video game.

24. Although the painting depicts an eighteenth-century tea party, it is still recognizably a contemporary piece of art.

25. Salcom Media announced today that it has successfully bid to purchase the Austin Starlings baseball team.

26. Included with this letter are a map of Cedarville and a pamphlet with information about the town's history.

27. Although the company was split into two separate firms, they continued to enjoy a prosperous working relationship.

28. Ms. Flynn proposed several environmental solutions during the lively debate on pesticide use in agriculture.

29. Ms. Li's colleagues find her approach to designing architectural spaces quite inspirational.

30. Please be aware that express delivery is available upon request but subject to additional shipping charges.

31. The chamber of commerce's annual business plan competition is a wonderful opportunity for emerging entrepreneurs.

32. Mr. Hudson purchased the flooring and tiles for his kitchen separately before installing them.

33. Beginning on December 1, Rhomtel Media will use a new system for sending news updates to its subscribers.

34. We apologize for the delay and will ship the remaining items by February 1.

35. The new racing game developed by Bliztech Arts is expected to be extremely exciting.

36. Among the paralegals at Rubin Law Offices, Marissa Perkins is one of the most competent.

37. Adanni Engineering appointed a contractor to carry out repairs and other maintenance work at its factory.

38. Job seekers must effectively demonstrate their skills and experience to potential employers.

39. A color illustration of the blender will be added to the instruction manual, with all parts clearly labeled.

40. Promptly alert a factory manager when a mechanical problem occurs on the assembly line.

41. The shipping rate for your package depends on its weight and the distance to the delivery destination.

42. The store manager was extremely apologetic about the shipping delay and offered a full refund.

43. A variety of discounts are currently being offered exclusively to members of Zavala Clothier's loyalty program.

44. Nicki Harris agreed to star in the film after carefully reviewing the script.

45. According to its president, Icaro Avionics is planning to open a second assembly plant in Brandenburg.

46. The president asked the directors for innovative yet sensible suggestions for dealing with the company's public relations issues.

47. The Pritchard Inn in Birmingham predictably ranks highest for guest satisfaction in the region.

48. The salesperson quoted an amount that was slightly higher than what Mr. Garneau had expected.

49. Atanas Electric uses the highest quality parts and materials to ensure that our equipment operates as efficiently as possible.

50. Jarafi Designs has a wide selection of beautifully crafted furniture in its new showroom on Fifth Avenue.

51. From January to March, discontinued handbags can be found in the clearance section of all Brocker Fashion stores.

52. Vamasoft is currently advertising several job openings for software engineers based in San Francisco.

53. Center Park's sprinkler irrigation system will be upgraded in an effort to reduce water consumption.

54. After multiple failed attempts to log in to her account, Ms. Fischer contacted the newspaper's subscription department.

55. Our Web site offers customers an extensive how-to section on maintaining and repairing Norleigh bicycles.

56. Attleberton Hotel is located near Lake Claire and Mount Garber, both visible from the top-floor observation deck.

57. Headquartered in Berlin, Seidel Fidelity is a top producer of high-end stereo equipment.

58. The designer added some space between the company name and logo to make the packaging more attractive.

59. Barry's Tackle not only sells a range of lures but also repairs specialty fishing equipment.

60. The company name must always be displayed in legible characters and the logo printed in the corporate colors.

61. The CEO of Relayal Holdings expects restructuring of the bank to be completed by August.

62. The following suggestions were solicited from members of the local community.

63. Last year, the Peralto Company sold approximately fifty thousand bicycles in Europe alone.

64. There are several factors to consider in selecting the location of your business.

65. All visitors must put on safety glasses and a helmet before entering the construction zone.

66. The laboratory director gave a speech praising Dr. Marquez's contribution to the development of antiviral medications.

67. For the proposed energy project, investors will not commit unless the government provides its support.

68. When Rosa's Cocina opens in September, the first 100 customers will receive a free taco and drink.

69. Dr. Evans requested that the walls be painted light blue so patients will feel calm in the lobby.

70. The machinery installation was very fast, and the follow-up service has proven to be exceptional so far.

71. Windle Corp had revised its hiring policy before the government announced it would be changing the labor standards act.

72. Executives at the two companies, having reached an agreement, will form a joint venture to develop an electric vehicle battery.

73. Located within a short walking distance of the downtown area, the apartment is close to numerous shopping and dining options.

74. When disposing of waste materials and recyclables, make sure you place the items in the correct bins.

75. During Thursday's meeting, city officials decided to have the old railroad buildings demolished.

76. Had the deal gone through, the combined company would have become one of the nation's largest exporters of agricultural products.

77. The presentation given by Ms. Batista on password protection and encryption lasted about 75 minutes.

78. Ms. O'Connell received a confirmation e-mail from the prospective employer immediately after submitting her job application.

79. Shortening the work week of our sales representatives will allow for a better work-life balance.

80. The program director congratulated Ms. Kaufman on being chosen as the new host of the morning show.

81. An analysis of the sales report for July has reinforced management's belief that sales will continue to pick up.

82. Earlier this year, Alkem Logistics was nominated for the Best Workplace Environment award.

83. For the past decade, Somersol Industries has been striving to reduce carbon emissions from its factories.

84. Revenues for the e-commerce company were up 54 percent, with book sales accounting for 24 percent of the total.

85. The design team created twelve cardboard boxes that are sized properly for each of the new action figures.

86. Chen Media will release its third-quarter financial results sooner than previously announced.

87. By the time the tourism season begins, the contractor will have completed construction of a second terminal at Nowak Airport.

88. When surveyed, over half of the shoppers indicated that they are familiar with the Accelestar brand of sports drinks.

89. The food at the Bluewater Café is both wholesome and tasty, but the service is rather slow.

90. The Lobster Hut is currently offering discounts on meals during off-peak hours at its three locations.

91. Despite many challenges facing the financial sector, it will probably remain stable for the foreseeable future.

92. After ten years, the water pump had to be replaced because it was no longer working.

93. Once the funding is approved, Lombard Hospital will remodel its reception and patient waiting area.

94. Provided that the directors reach an agreement, the company's advertising budget will increase by 1.5 million dollars.

95. Unless authorized by the finance officer, changes cannot be made to the company's financial documents.

96. Mr. Shin asked whether the office in Düsseldorf could be open by the end of October.

97. Our employees are generally satisfied with the cafeteria, although some wish it would stay open later.

98. You should always wear a properly fitted helmet and reflective clothing while riding a bicycle.

99. In contrast to predictions by biologists, the algae in the lake did not harm any species of fish.

100. The mannequins at Milstitch Fashions are dressed in matching accessories, such as scarves and gloves.

101. The Yorkdale Clinic introduced online access to test results since paper records were occasionally being misplaced.

102. Some roses in the garden bloom only once a year, whereas other varieties do so about every six months.

103. Because of a reduction in competition, Pancean Airlines decided to raise its ticket prices and baggage fees.

104. The next monthly meeting will be held on Friday instead of Monday due to the national holiday.

105. Owing to contractor delays, the opening date for Salmon Creek Bridge has been pushed back from November.

106. The Sonava Resort will be built in three phases in order to minimize the impact of construction on local traffic.

107. The city widened Burridge River last year, yet many boaters still find it difficult to access Kingston Port.

108. To participate in the Frankfurt Health Symposium, please fill out the registration form and then proceed to payment.

109. The construction crew has to complete the first phase of the project before moving on to the second.

110. State-of-the-art equipment is being installed in the factory so that we can start a new assembly process in June.

111. Among the top five historical sites tourists want to see, the amphitheater welcomes the most visitors.

112. Given her contribution to improving Arkney City's transportation network, Ms. Rosenberg would make a good mayor.

113. In an effort to reduce costs, we have moved our assembly operations to a plant in Ecuador.

114. In Mr. Connolly's absence, queries about the upcoming product launch should be directed to his assistant.

115. In this presentation, I will be explaining where local tourists tend to spend their money.

116. Ms. Harper has shown herself to be a valuable member of the Kressford design team.

117. It is easy to create a persuasive presentation yourself using the latest software from Multecho Systems.

118. Since Mr. Hadley was unable to attend the ceremony, Ms. Andrews accepted the award on his behalf.

119. For those who wish to enjoy a taste of Thai cuisine, go to the Siam Food Festival this weekend.

120. Zappish Online guarantees that orders placed in North America will arrive within seven days of shipping.

121. The Lilium Giftshop will be open daily from 9:00 A.M. to 7:00 P.M. throughout the holiday season.

122. Under the direction of Catherine Smith, the Woodlawn Theater has become one of the most exciting venues in Melbourne.

123. The Pennington Company processes recycled glass and plastic into various products.

124. Over the next few weeks, the Vesmar Group will be holding various events to mark its centennial anniversary.

125. Of the three menu items on special today, the most popular is the turkey sandwich with tomato soup.

126. Upon entering the facility, Mr. Morris showed his security badge to the guard by the door.

127. The building inspector confirmed the factory had been constructed in accordance with government regulations.

128. Sprinklex will get rid of those stubborn carpet stains that seem impossible to remove.

129. Eight businesses sell antique toys in the Monroe Building, all of which are on its seventh floor.

130. Aloganics is a business whose products are healthier than ice creams made by other manufacturers.

131. Madras & Associates specializes in strategies that help clients optimize workplace efficiency and profitability.

132. Anyone who has not yet registered for the Virtual Energy Forum should do so by the end of today.

133. The supermarket owner's decision to close the business disappointed many who live in the neighborhood.

134. Please fill out the customer satisfaction survey and leave it with whoever is working at the front desk.

135. Much of the redecorating was done in the room where Mr. Wilson often has tea with his friends.

136. The president only wants to hear the opinions of managers who work closely with employees.

137. At the awards banquet, Mr. Santiago expressed his gratitude to Professor Mary Cho, whose help in his research was invaluable.

138. An ancient myth was the theme that Erica Akin returned to repeatedly during her years as a watercolor artist.

139. Mr. Miller has joined the awards committee, which consists of eight distinguished scholars in the field of chemistry.

140. When Mr. Robinson applied for a building permit, he provided a document that proves that he owns the land.

141. Whoever would like to attend Professor Howard's seminar on May 8 should sign up for it by Friday.

142. As consumers seek to reduce their expenses, the number of cars that are being leased has risen significantly.

143. Online shoppers can choose home delivery or in-store pickup, whichever is more convenient.

144. Across from the train station, visitors can access the seafood market for which the town is renowned.

145. Mr. Anderson found a location for his new office that he thinks meets all of his requirements.

146. Submit your photographs either by sending them as e-mail attachments or by uploading them to our Web site.

147. At Sangson Automotive, we continuously seek ways to become more sustainable in all facets of our business.

148. Candidates for the snow removal position must be available to work on December 25.

149. Shannon Bremmer's hit album *Starlite Motions* earned her an award at the Sydney Music Awards last night.

150. After the renovation, the stylish décor will make the dining experience even more enjoyable for our guests.

151. Some Denver stores operate around the clock, but few remain open at night outside the city.

152. Denton Publishing is committed to environmentally friendly practices including the recycling of used paper.

153. Not only are the business seminars free to attend in person, but they can also be viewed live online.

154. All guests receive a breakfast voucher that can be used at either of the two hotel restaurants.

155. The luncheon will provide a unique opportunity to become acquainted with attorneys from a variety of Jakarta law firms.

156. Whether the golf tournament will be held in Scotland or Wales has yet to be decided.

157. Radio advertising has proven to be highly effective for reaching certain types of consumers.

158. Calvelo Pharma's latest advertising campaign resulted in a significant increase in sales of its health supplements.

159. Artificial intelligence is being incorporated into marketing tools that help users anticipate consumer needs.

160. Merchandise purchased in stores or online can be returned to any Nauticon outlet location.

ランダム160本ノック

1. The presentation ------- by Ms. Batista on password
`77` protection and encryption lasted about 75 minutes.

(A) given　　　　　　　(B) was given
(C) has given　　　　　(D) gave

2. Since all the townhouses on Moore Street are -------
`17` identical, Ms. Caldwell accidentally knocked on the
wrong door.

(A) nearer　(B) nearness　(C) nearest　(D) nearly

3. The food at the Bluewater Café is both wholesome
`89` and tasty, ------- the service is rather slow.

(A) also　(B) or　(C) but　(D) through

4. Eight businesses sell antique toys in the Monroe
`129` Building, all of ------- are on its seventh floor.

(A) whose　(B) them　(C) which　(D) they

5. Mr. Gideon's article was revised for length and -------
`8` before it was published in the newspaper.

(A) clarify　(B) clarity　(C) clear　(D) clearly

6. An analysis of the sales report for July -------
`81` management's belief that sales will continue to pick
up.

(A) was reinforced　　　(B) reinforce
(C) reinforcing　　　　　(D) has reinforced

1. A　2. D　3. C　4. C　5. B　6. D

7. Beginning on December 1, Rhomtel Media will use a

33 new system for sending news updates to its -------.

(A) subscription   (B) subscribe

(C) subscribers   (D) subscribing

8. The mannequins at Milstitch Fashions are dressed in

100 matching accessories, ------- scarves and gloves.

(A) such as   (B) moreover   (C) in addition   (D) rather

9. In an effort to reduce costs, ------- have moved our

113 assembly operations to a plant in Ecuador.

(A) we   (B) our   (C) us   (D) ourselves

10. Nicki Harris agreed to star in the film after -------

44 reviewing the script.

(A) careful   (B) care   (C) carefully   (D) cared

11. The program director congratulated Ms. Kaufman on

80 being ------- as the new host of the morning show.

(A) choose   (B) choosing   (C) choses   (D) chosen

12. Please fill out the customer satisfaction survey and

134 leave it with ------- is working at the front desk.

(A) those   (B) who   (C) anyone   (D) whoever

13. Headquartered in Berlin, Seidel Fidelity is a top

57 ------- of high-end stereo equipment.

(A) producer   (B) product

(C) produce   (D) production

---

7. C   8. A   9. A   10. C   11. D   12. D   13. A

14. The Lilium Giftshop will be open daily from 9:00 A.M. to 7:00 P.M. ------- the holiday season.

(A) about (B) between (C) throughout (D) onto

15. The ------- of a new digital marketing strategy is on the agenda for this afternoon's meeting.

(A) develop
(B) develops
(C) developed
(D) development

16. State-of-the-art equipment is being installed in the factory ------- we can start a new assembly process in June.

(A) so that
(B) although
(C) rather than
(D) whenever

17. Ms. Li's colleagues find her approach to designing architectural spaces quite -------.

(A) inspirational
(B) inspirationally
(C) inspiration
(D) inspire

18. Mr. Anderson found a location for his new office that he thinks ------- all of his requirements.

(A) meet (B) meets (C) meeting (D) to meet

19. Barry's Tackle not only sells a range of lures but also repairs ------- fishing equipment.

(A) specializing
(B) specially
(C) specialty
(D) specialize

14. C   15. D   16. A   17. A   18. B   19. C

20. All guests receive a breakfast voucher that can be
154 used at ------- of the two hotel restaurants.

(A) some (B) every (C) other (D) either

21. The Berovo Institute ------- publishes the results of
2 its research in renowned scientific journals.

(A) regularly (B) regulate (C) regularity (D) regular

22. The CEO of Relalay Holdings ------- restructuring of
61 the bank to be completed by August.

(A) expecting (B) expects (C) to expect (D) expect

23. After ten years, the water pump had to be replaced
92 ------- it was no longer working.

(A) due to (B) unless (C) because (D) in fact

24. The chamber of commerce's annual business plan
31 ------- is a wonderful opportunity for emerging
entrepreneurs.

(A) competitive   (B) competition
(C) competitor   (D) competitively

25. In Mr. Connolly's absence, queries about the
114 upcoming product launch should be directed to
------- assistant.

(A) he (B) his (C) him (D) himself

26. ZhaoFlex Textile is now the world's leading ------- of
11 bamboo fiber products.

(A) manufacture   (B) manufacturer
(C) manufacturing   (D) manufactures

20. D   21. A   22. B   23. C   24. B   25. B   26. B

27. Aloganics is a business ------- products are healthier
`130` than ice creams made by other manufacturers.

(A) what (B) whose (C) which (D) when

28. Submit your photographs ------- by sending them as
`146` e-mail attachments or by uploading them to our Web
site.

(A) either (B) both (C) neither (D) but

29. We apologize for the delay and will ship the -------
`34` items by February 1.

(A) remained (B) remain (C) remaining (D) remains

30. For the past decade, Somersol Industries ------- to
`83` reduce carbon emissions from its factories.

(A) has been striving   (B) is striving
(C) striving   (D) will strive

31. The Yorkdale Clinic introduced online access to test
`101` results ------- paper records were occasionally being
misplaced.

(A) likewise (B) since (C) concerning (D) until

32. According to its president, Icaro Avionics is planning
`45` to open a second assembly ------- in Brandenburg.

(A) planted (B) planting (C) plants (D) plant

33. ------- the direction of Catherine Smith, the
`122` Woodlawn Theater has become one of the most
exciting venues in Melbourne.

(A) Across (B) Inside (C) Over (D) Under

27. B   28. A   29. C   30. A   31. B   32. D   33. D

34. All three candidates for the management position are
`10` ------- in their ability to perform the job effectively.

(A) confided   (B) confident
(C) confidential   (D) confidently

35. Earlier this year, Alkem Logistics ------- for the Best
`82` Workplace Environment award.

(A) was nominated   (B) is nominating
(C) nominates   (D) nominated

36. ------- the directors reach an agreement, the
`94` company's advertising budget will increase by 1.5
million dollars.

(A) Provided that   (B) Nevertheless
(C) Regardless of   (D) In the event of

37. Please be aware that express delivery is available
`30` upon request but subject to ------- shipping charges.

(A) additionally   (B) add   (C) additive   (D) additional

38. Much of the redecorating was done in the room
`135` ------- Mr. Wilson often has tea with his friends.

(A) where   (B) which   (C) what   (D) whose

39. Salcom Media announced today that it has ------- bid
`25` to purchase the Austin Starlings baseball team.

(A) successful   (B) success
(C) succeeded   (D) successfully

40. The luncheon will provide a unique opportunity to
155 ------- acquainted with attorneys from a variety of
Jakarta law firms.

(A) become (B) develop (C) learn (D) know

41. Ms. Hopkins shared her ------- regarding the
5 company's overseas operations with the other
executive committee members.

(A) observe   (B) observable
(C) observations   (D) observably

42. The following suggestions were ------- from members
62 of the local community.

(A) solicit (B) soliciting (C) solicited (D) solicits

43. The Lobster Hut is currently offering discounts on
90 meals ------- off-peak hours at its three locations.

(A) while (B) otherwise (C) during (D) afterward

44. Mr. Hudson purchased the flooring and tiles for his
32 kitchen ------- before installing them.

(A) separately   (B) separation
(C) separate   (D) separating

45. The president only wants to hear the opinions of
136 managers ------- work closely with employees.

(A) they (B) whose (C) those (D) who

40. A   41. C   42. C   43. C   44. A   45. D

46. The annual All-Telecom Show is one of the most

`13` ------- events in the telecommunications industry.

(A) anticipate   (B) anticipated

(C) anticipating   (D) anticipation

47. Some roses in the garden bloom only once a year,

`102` ------- other varieties do so about every six months.

(A) instead of   (B) only   (C) by contrast   (D) whereas

48. Whether the golf tournament will be held in Scotland

`156` ------- Wales has yet to be decided.

(A) if   (B) or   (C) so   (D) neither

49. The new racing game developed by Bliztech Arts is

`35` expected to be extremely -------.

(A) excite   (B) exciting   (C) excitement   (D) excited

50. The design team created twelve cardboard boxes

`85` ------- properly for each of the new action figures.

(A) sizing   (B) having sized

(C) to size   (D) that are sized

51. In this presentation, I will be explaining where local

`115` tourists tend to spend ------- money.

(A) their   (B) our   (C) its   (D) my

52. The president asked the directors for innovative yet

`46` ------- suggestions for dealing with the company's

public relations issues.

(A) sensible   (B) sensibly   (C) sensibility   (D) senses

46. B   47. D   48. B   49. B   50. D   51. A   52. A

53. Mr. Shin asked ------- the office in Düsseldorf could

`96` be open by the end of October.

(A) in (B) whether (C) when (D) regarding

54. We are looking to hire a motivated individual who can

`14` build ------- relationships with our customers.

(A) endure (B) endured (C) enduring (D) endures

55. The Pennington Company processes recycled glass

`123` and plastic ------- various products.

(A) along (B) into (C) before (D) beyond

56. Adanni Engineering appointed a contractor to carry

`37` out repairs and other ------- work at its factory.

(A) maintain   (B) maintained

(C) maintenance   (D) maintains

57. Chen Media will release its third-quarter financial

`86` results sooner than previously -------.

(A) announced   (B) announce

(C) announces   (D) announcing

58. ------- would like to attend Professor Howard's

`141` seminar on May 8 should sign up for it by Friday.

(A) Whenever   (B) Wherever

(C) Whatever   (D) Whoever

59. ------- with this letter are a map of Cedarville and a

`26` pamphlet with information about the town's history.

(A) Include   (B) Included

(C) Includes   (D) Inclusion

53. B   54. C   55. B   56. C   57. A   58. D   59. B

60. Radio advertising has ------- to be highly effective for
`157` reaching certain types of consumers.

(A) proven (B) handled (C) ensured (D) taken

61. Making an online ------- with Paymodia is fast, easy,
`6` and safe.

(A) pay (B) payment (C) paying (D) pays

62. All visitors must put on safety glasses and a helmet
`65` before ------- the construction zone.

(A) enter (B) entered (C) entering (D) enters

63. ------- many challenges facing the financial sector, it
`91` will probably remain stable for the foreseeable future.

(A) Although   (B) Meanwhile
(C) However   (D) Despite

64. Job seekers must ------- demonstrate their skills and
`38` experience to potential employers.

(A) effective (B) effect (C) effectively (D) effected

65. At the awards banquet, Mr. Santiago expressed his
`137` gratitude to Professor Mary Cho, ------- help in his
research was invaluable.

(A) that (B) whose (C) her (D) who

66. Sisson Labs continually integrates new technologies
`15` into the workplace so its employees can work more
-------.

(A) productively   (B) productive
(C) production   (D) produce

---

60. A   61. B   62. C   63. D   64. C   65. B   66. A

319

67. ------- a reduction in competition, Pancean Airlines
[103] decided to raise its ticket prices and baggage fees.

(A) After all (B) In case (C) Only if (D) Because of

68. Among the paralegals at Rubin Law Offices, Marissa
[36] Perkins is one of the -------.

(A) competency   (B) competently
(C) more competency   (D) most competent

69. Ms. Harper has shown ------- to be a valuable
[116] member of the Kressford design team.

(A) she (B) her own (C) hers (D) herself

70. At Sangson Automotive, we continuously seek ways
[147] to become more sustainable in ------- facets of our
business.

(A) all (B) another (C) much (D) every

71. The Pritchard Inn in Birmingham ------- ranks highest
[47] for guest satisfaction in the region.

(A) predictably   (B) prediction
(C) predictable   (D) predictability

72. Dr. Evans requested that the walls ------- light blue
[69] so patients will feel calm in the lobby.

(A) must paint (B) be painted (C) painting (D) paint

73. ------- the next few weeks, the Vesmar Group will
[124] be holding various events to mark its centennial
anniversary.

(A) Over (B) From (C) By (D) At

67. D   68. D   69. D   70. A   71. A   72. B   73. A

74. Dr. Hendrick's lecture will explore ------- to current
`19` methods of supplying livestock with fresh water.

(A) alternatives
(B) alternatively
(C) alternate
(D) alternated

75. ------- contractor delays, the opening date for Salmon
`105` Creek Bridge has been pushed back from November.

(A) If (B) Owing to (C) Therefore (D) Given that

76. Vamasoft is currently advertising several job -------
`52` for software engineers based in San Francisco.

(A) opens (B) openings (C) openness (D) opened

77. By the time the tourism season begins, the contractor
`87` ------- construction of a second terminal at Nowak
Airport.

(A) will have completed
(B) are completing
(C) has been completing
(D) had completed

78. As consumers seek to reduce their expenses, the
`142` number of cars that ------- has risen significantly.

(A) leased
(B) is leased
(C) are being leased
(D) are leasing

79. The company name must always be displayed
`60` in legible characters and the logo ------- in the
corporate colors.

(A) print (B) prints (C) printed (D) printing

74. A   75. B   76. B   77. A   78. C   79. C

80. Calvelo Pharma's latest advertising campaign
`158` ------- in a significant increase in sales of its health
supplements.

(A) generated　(B) resulted　(C) caused　(D) included

81. Without written ------- from the patient, we are
`7` unable to release his medical records.

(A) authorize　　　　　(B) authorized
(C) authorization　　　(D) to authorize

82. Last year, the Peralto Company ------- approximately
`63` fifty thousand bicycles in Europe alone.

(A) selling　(B) sold　(C) has sold　(D) to sell

83. ------- the funding is approved, Lombard Hospital will
`93` remodel its reception and patient waiting area.

(A) Once　(B) Soon　(C) Only　(D) That

84. A color illustration of the blender will be added to the
`39` instruction manual, with all parts ------- labeled.

(A) clear　(B) cleared　(C) clearly　(D) clearer

85. Mr. Miller has joined the awards committee, -------
`139` consists of eight distinguished scholars in the field of
chemistry.

(A) it　(B) which　(C) that　(D) what

86. ------- the three menu items on special today, the
`125` most popular is the turkey sandwich with tomato
soup.

(A) Toward　(B) Of　(C) As　(D) Without

---

80. B　81. C　82. B　83. A　84. C　85. B　86. B

87. With obesity rates on the rise, food companies must
[18] promote their breakfast cereals and snack items
-------.

(A) responsibly
(B) respond
(C) responsible
(D) responded

88. The laboratory director gave a speech -------
[66] Dr. Marquez's contribution to the development of
antiviral medications.

(A) praise (B) praised (C) praising (D) praises

89. The city widened Burridge River last year, -------
[107] many boaters still find it difficult to access Kingston
Port.

(A) also (B) because (C) soon (D) yet

90. When the community garden opened, locals were
[9] ------- about having a place to grow their own
vegetables.

(A) enthusiast
(B) enthusiastically
(C) enthusiasm
(D) enthusiastic

91. Candidates for the snow removal position must be
[148] ------- to work on December 25.

(A) possible (B) convenient (C) available (D) easy

92. The salesperson quoted an amount that was -------
[48] higher than what Mr. Garneau had expected.

(A) slight (B) slightly (C) slightness (D) slighter

93. Windle Corp ------- its hiring policy before the
government announced it would be changing the
labor standards act.

(A) was revised   (B) is revising
(C) had revised   (D) will revise

94. For ------- who wish to enjoy a taste of Thai cuisine,
go to the Siam Food Festival this weekend.

(A) they   (B) them   (C) those   (D) that

95. The festival coordinator will assign duties to each of
the volunteers according to their task -------.

(A) preferring   (B) preference
(C) preferred   (D) preferable

96. Online shoppers can choose home delivery or
in-store pickup, ------- is more convenient.

(A) whereas   (B) if   (C) whichever   (D) either

97. Artificial intelligence is being incorporated into
marketing tools that ------- users anticipate
consumer needs.

(A) support   (B) enable   (C) allow   (D) help

98. Center Park's sprinkler irrigation system will be
upgraded in an effort to reduce water -------.

(A) consume   (B) consumable
(C) consumed   (D) consumption

93. C   94. C   95. B   96. C   97. D   98. D

99. When -------, over half of the shoppers indicated that
[88] they are familiar with the Accelestar brand of sports
drinks.

(A) survey (B) surveys (C) surveying (D) surveyed

100. ------- alert a factory manager when a mechanical
[40] problem occurs on the assembly line.

(A) Promptly (B) Prompt (C) Prompting (D) Prompts

101. The next monthly meeting will be held on Friday
[104] ------- Monday due to the national holiday.

(A) except (B) instead of (C) whereas (D) in particular

102. There are several factors ------- in selecting the
[64] location of your business.

(A) are considered   (B) considering
(C) consider   (D) to consider

103. After the renovation, the stylish décor will make the
[150] dining experience ------- more enjoyable for our guests.

(A) very (B) enough (C) better (D) even

104. Our Web site offers customers an ------- how-to
[55] section on maintaining and repairing Norleigh bicycles.

(A) extend   (B) extension
(C) extensively   (D) extensive

105. The machinery installation was very fast, and the
 `70` follow-up service ------- to be exceptional so far.

(A) has proven   (B) will prove
(C) had proven   (D) must prove

106. Our employees are generally satisfied with the
 `97` cafeteria, ------- some wish it would stay open later.

(A) notwithstanding   (B) although
(C) furthermore   (D) initially

107. Vintage toy sellers must be as ------- as possible
 `21` when detailing the condition of items in online
auctions.

(A) thorough   (B) thoroughly
(C) thoroughness   (D) more thoroughly

108. It is easy to create a persuasive presentation -------
 `117` using the latest software from Multecho Systems.

(A) you   (B) yourself   (C) your   (D) yours

109. The shipping ------- for your package depends on its
 `41` weight and the distance to the delivery destination.

(A) rates   (B) rater   (C) rate   (D) rated

110. Madras & Associates specializes in ------- that help
 `131` clients optimize workplace efficiency and profitability.

(A) strategy   (B) strategic
(C) strategically   (D) strategies

105. A   106. B   107. A   108. B   109. C   110. D

111. Atanas Electric uses the highest quality parts and
`49` materials to ensure that our equipment operates as
------- as possible.

(A) efficient
(B) efficiency
(C) efficiently
(D) efficiencies

112. Executives at the two companies, ------- an
`72` agreement, will form a joint venture to develop an
electric vehicle battery.

(A) have reached
(B) to be reached
(C) reached
(D) having reached

113. The Sonava Resort will be built in three phases -------
`106` minimize the impact of construction on local traffic.

(A) prior to
(B) in addition to
(C) contrary to
(D) in order to

114. Although the painting depicts an eighteenth-century
`24` tea party, it is still ------- a contemporary piece of art.

(A) recognition
(B) recognizably
(C) recognizable
(D) recognize

115. ------- the top five historical sites tourists want to
`111` see, the amphitheater welcomes the most visitors.

(A) When (B) Consequently (C) Among (D) Since

116. Shannon Bremmer's hit album *Starlite Motions* -------
`149` her an award at the Sydney Music Awards last night.

(A) achieved (B) earned (C) made (D) honored

117. ------- entering the facility, Mr. Morris showed his
126 security badge to the guard by the door.

(A) During (B) Until (C) From (D) Upon

118. After multiple failed ------- to log in to her account,
54 Ms. Fischer contacted the newspaper's subscription
department.

(A) attempt   (B) attempted
(C) attempts   (D) attempting

119. Across from the train station, visitors can access the
144 seafood market ------- which the town is renowned.

(A) for (B) as (C) to (D) about

120. During Thursday's meeting, city officials decided to
75 have the old railroad buildings -------.

(A) demolish   (B) demolishing
(C) demolishes   (D) demolished

121. Hybotech Corporation has built a ------- reputation
12 as a leading developer of hybrid-electric engines.

(A) solid (B) solidly (C) solidify (D) solidity

122. For the proposed energy project, investors will not
67 ------- unless the government provides its support.

(A) commit   (B) committed
(C) commits   (D) committing

123. You should always wear a properly fitted helmet and
98 reflective clothing ------- riding a bicycle.

(A) also (B) even (C) unlike (D) while

117. D   118. C   119. A   120. D   121. A   122. A   123. D

124. Full-scale ------- of the lightweight aircraft is set to
`3` begin in the spring of next year.

(A) developments   (B) developed

(C) develop   (D) development

125. ------- who has not yet registered for the Virtual
`132` Energy Forum should do so by the end of today.

(A) Those (B) Other (C) They (D) Anyone

126. Ms. O'Connell received a confirmation e-mail from
`78` the prospective employer immediately after -------
her job application.

(A) submit (B) submitting (C) submits (D) submitted

127. Pangflo Corp's new software program makes it easier
`22` for small businesses to ------- record sales and
expenses.

(A) accurately   (B) accurate

(C) accuracy   (D) accuracies

128. Some Denver stores operate around the clock, but
`151` ------- remain open at night outside the city.

(A) each (B) other (C) few (D) much

129. To participate in the Frankfurt Health Symposium,
`108` please fill out the registration form and -------
proceed to payment.

(A) as soon as (B) while (C) then (D) even though

124. D   125. D   126. B   127. A   128. C   129. C

130. The store manager was extremely ------- about the
`42` shipping delay and offered a full refund.

(A) apologize   (B) apology
(C) apologetic   (D) apologetically

131. The building inspector confirmed the factory had
`127` been constructed ------- government regulations.

(A) in order of   (B) in accordance with
(C) in line for   (D) in place of

132. Jarafi Designs has a wide selection of ------- crafted
`50` furniture in its new showroom on Fifth Avenue.

(A) beauty   (B) beautifully   (C) beautify   (D) beautified

133. ------- within a short walking distance of the
`73` downtown area, the apartment is close to numerous
shopping and dining options.

(A) Location   (B) Located   (C) Locating   (D) Locate

134. Since Mr. Hadley was unable to attend the ceremony,
`118` Ms. Andrews accepted the award on ------- behalf.

(A) he   (B) him   (C) his   (D) himself

135. Denton Publishing is ------- to environmentally friendly
`152` practices including the recycling of used paper.

(A) expected   (B) intended   (C) hoped   (D) committed

130. C   131. B   132. B   133. B   134. C   135. D

136. Although the company was split into two separate

`27` firms, they continued to enjoy a ------- working relationship.

(A) prosperously   (B) prosperity

(C) prosperous   (D) prosper

137. Had the deal gone through, the combined company

`76` ------- one of the nation's largest exporters of agricultural products.

(A) will be becoming   (B) is becoming

(C) would have become   (D) has become

138. Attleberton Hotel is located near Lake Claire and

`56` Mount Garber, both ------- from the top-floor observation deck.

(A) visible   (B) vision   (C) visibility   (D) visibly

139. ------- her contribution to improving Arkney City's

`112` transportation network, Ms. Rosenberg would make a good mayor.

(A) Given   (B) Even if   (C) Since   (D) As well as

140. An ancient myth was the theme that Erica Akin

`138` returned to ------- during her years as a watercolor artist.

(A) repeat   (B) repetition

(C) repeatable   (D) repeatedly

136. C   137. C   138. A   139. A   140. D

141. The Genesis 8-B Griller is ------- regarded as the
`16` best gas barbecue on the market.

    (A) generally   (B) generalizing
    (C) generalization   (D) general

142. When Rosa's Cocina opens in September, the first
`68` 100 customers ------- a free taco and drink.

    (A) received   (B) have received
    (C) receive   (D) will receive

143. A ------- from Shaffer University will be discussing
`4` her latest research on food additives.

    (A) nutrition   (B) nutritional
    (C) nutritionist   (D) nutritionally

144. ------- predictions by biologists, the algae in the lake
`99` did not harm any species of fish.

    (A) Alike   (B) In the event that
    (C) As if   (D) In contrast to

145. Sprinklex will get rid of those stubborn carpet stains
`128` ------- seem impossible to remove.

    (A) who   (B) they   (C) that   (D) whose

146. ------- after he joined the company, Shigeru Iwata
`23` created a best-selling video game.

    (A) Short   (B) Shortness   (C) Shortly   (D) Shorten

---

141. A   142. D   143. C   144. D   145. C   146. C

147. ------- the work week of our sales representatives will allow for a better work-life balance.

`79`

(A) Shorten
(B) Shortening
(C) Shortness
(D) Shortened

148. The construction crew has to complete the first phase of the project ------- moving on to the second.

`109`

(A) still (B) during (C) before (D) only

149. A variety of discounts are currently being offered ------- to members of Zavala Clothier's loyalty program.

`43`

(A) excluding
(B) exclusively
(C) exclusion
(D) exclusive

150. The supermarket owner's decision to close the business disappointed ------- who live in the neighborhood.

`133`

(A) everyone (B) many (C) another (D) nobody

151. ------- are the business seminars free to attend in person, but they can also be viewed live online.

`153`

(A) Not only
(B) Additionally
(C) Only when
(D) Besides

152. From January to March, ------- handbags can be found in the clearance section of all Brocker Fashion stores.

`51`

(A) discontinued
(B) discontinue
(C) discontinuing
(D) discontinues

147. B 148. C 149. B 150. B 151. A 152. A

153. ------- authorized by the finance officer, changes
`95` cannot be made to the company's financial
documents.

(A) Unless (B) After (C) Because (D) During

154. Ms. Flynn proposed several environmental solutions
`28` during the ------- debate on pesticide use in
agriculture.

(A) liveliness (B) lived (C) living (D) lively

155. When ------- of waste materials and recyclables,
`74` make sure you place the items in the correct bins.

(A) dispose (B) disposed
(C) disposing (D) disposes

156. Zappish Online guarantees that orders placed in
`120` North America will arrive ------- seven days of
shipping.

(A) among (B) beside (C) since (D) within

157. Revenues for the e-commerce company were up 54
`84` percent, with book sales ------- for 24 percent of the
total.

(A) accounts (B) accounting
(C) accounted (D) account

158. The designer added some space between the
`58` company name and logo to make the packaging
more -------.

(A) attract (B) attractive
(C) attraction (D) attractively

153. A 154. D 155. C 156. D 157. B 158. B

159. When Mr. Robinson applied for a building permit, he
[140] provided a document that ------- that he owns the
land.

(A) proves   (B) proving   (C) is proved   (D) to prove

160. Merchandise purchased ------- stores or online can
[160] be returned to any Nauticon outlet location.

(A) both   (B) either   (C) in   (D) but

159. A   160. C

著者紹介　TEX 加藤 (テックス・かとう)

1967年大阪府生まれ。神戸市外国語大学外国語学部英米学科卒。一般企業での約20年の勤務を経て、2010年、TOEIC TEST 講師に転身。現在、専門学校神田外語学院で専任講師を務める。2008年以降、10年以上にわたり TOEIC TEST を継続受験し、最新の傾向を授業や著書に反映している。2021年10月、TOEIC 公開テストの満点の取得回数100回を達成。2019・20・21年に受験した TOEIC 公開テスト全20回、すべて「990点」。英検1級。著書に、『TOEIC® L&R TEST 出る単特急 金のフレーズ』、『TOEIC® L&R TEST 出る単特急 銀のフレーズ』、『TOEIC® L&R TEST 出る単特急 金のセンテンス』(以上、小社)、『TOEIC® L&Rテスト 文法問題 でる1000問』(アスク)、共著に、TOEIC® L&R TEST 読解特急シリーズなど多数。共著も含めた著書の累計発行部数は300万部を超える。

TOEIC® L&R TEST　出る問特急
金の文法

2022 年 2 月 28 日　第 1 刷発行
2024 年 7 月 10 日　第 4 刷発行

著　者	TEX 加藤
発行者	宇都宮 健太朗
装　丁	川原田 良一
本文デザイン	コントヨコ
似顔絵イラスト	cawa-j ☆ かわじ
印刷所	大日本印刷株式会社
発行所	朝日新聞出版

〒 104-8011　東京都中央区築地 5-3-2
電話 03-5541-8814 (編集)　03-5540-7793 (販売)
© 2022 TEX Kato
Published in Japan by Asahi Shimbun Publications Inc.
ISBN 978-4-02-332250-9
定価はカバーに表示してあります。
落丁・乱丁の場合は弊社業務部 (電話 03-5540-7800) へご連絡ください。
送料弊社負担にてお取り替えいたします。